Hans Joachim Schliep

Gläubiger Realismus

Hans Joachim Schliep

Gläubiger Realismus

Kronsberger Reden

Fromm Verlag

Impressum / Imprint
Bibliografische Information der Deutschen Nationalbibliothek: Die Deutsche Nationalbibliothek verzeichnet diese Publikation in der Deutschen Nationalbibliografie; detaillierte bibliografische Daten sind im Internet über http://dnb.d-nb.de abrufbar.

Bibliographic information published by the Deutsche Nationalbibliothek: The Deutsche Nationalbibliothek lists this publication in the Deutsche Nationalbibliografie; detailed bibliographic data are available in the Internet at http://dnb.d-nb.de.

Coverbild / Cover image: www.ingimage.com

Verlag / Publisher:
Fromm Verlag
ist ein Imprint der / is a trademark of
AV Akademikerverlag GmbH & Co. KG
Heinrich-Böcking-Str. 6-8, 66121 Saarbrücken, Deutschland / Germany
Email: info@frommverlag.de

Herstellung: siehe letzte Seite /
Printed at: see last page
ISBN: 978-3-8416-0377-7

Meiner Lehrerin

Hildegard Röhr

und meinem Enkel

Benjamin Skubsch

in Dankbarkeit und Hoffnung

gewidmet

Inhaltsverzeichnis

Zur Einführung

Nach der Veröffentlichung der Kronsberger Predigten unter dem Titel „Was uns unbedingt angeht..." habe ich auch diese Kronsberger Reden unter ein Motto gestellt, das ich von Paul Tillich übernommen habe: „Gläubiger Realismus".

Damit möchte ich den Einfluss deutlich machen, den Paul Tillichs theologisches und philosophisches Denken immer wieder auf mich ausgeübt hat - bis zum heutigen Tag. Ausdrücklich spreche ich von Tillichs „theologischem Denken", weil weniger seine Theologie als Ganze und in allen Aussagen als viel mehr sein Denkansatz für mich impulsgebend und wegweisend geworden ist.

Was Paul Tillich unter „Gläubiger Realismus" versteht bzw. in welchem Sinn mir dieser Begriff wichtig geworden ist, habe ich ausführlicher in einem gleichnamigen Aufsatz dargelegt, der 1986 im 25. Jahrgang der Lutherischen Monatshefte auf den Seiten 414 bis 418 veröffentlicht worden ist. Deshalb beschränke ich mich in diesen einführenden Bemerkungen auf einige wenige Kernaussagen:

Gläubiger Realismus ist eine Gesamthaltung zur Wirklichkeit, die zwei Dimensionen bzw. Perspektiven miteinander verbindet: das Wirkliche und den Glauben. Beide sind nur scheinbare Gegensätze. Gerade in ihrer Spannung sind sie so aufeinander bezogen, dass mitten in den realen Seinsvollzügen sich eine tiefe Seinsmächtigkeit zu Wort meldet. Der Glaube ist keine idealistische Draufgabe oder Übersteigerung von Wirklichkeit, sondern deren Tiefen- und Grunddimension. Denn er lässt das Leben annehmen und verstehen als Gabe und als Aufgabe, als Gewährtsein und als Gefordertwerden, als Produktivität, die sich einer grundlegenden Rezeptivität verdankt. So lässt der Glaube inmitten der konkreten Lebenslagen und Gesellschaftsverhältnisse die Wirklichkeit wahrnehmen, deuten und gestalten in der Kraft derjenigen Seinsmacht, die nicht aus dem Ganzen der Wirklichkeit abgeleitet werden kann. „Gläubiger Realismus" ist kritisch und konstruktiv.

Diese Andeutungen müssen hier genügen. Was ich mit dem Motto „Gläubiger Realismus" ausdrücken will, soll ja erkennbar werden an der Art und Weise, wie ich in den hier abgedruckten Vorträgen (nicht nur) aktuelle Themen aufnehme und mit wichtigen Fragestellungen umgehe. Ob ich durch diesen Vortragsdienst unter dem Leitgedanken „Gläubiger Realismus" in einem ganz bescheidenen Rahmen ein klein wenig zu einer „tiefen" statt „oberflächlichen Aufklärung" (so der Dresdner Philosoph Thomas Rentsch) beitragen konnte?

Nach einer Berufsausbildung und -ausübung im Schiffbau und dem Abitur auf dem 2. Bildungsweg am Jung-Stilling-Kolleg in Espelkamp habe ich Ev. Theologie und Philosophie an der Ruhr-Universität Bochum studiert. Von 1974 bis 1976 war ich Vikar der Ev. Kirche von Westfalen an der Ev. Dorfkirche in Bochum-Stiepel bei Pfr. Wilhelm Fortmann und im Predigerseminar Soest bei Direktor Peter Stolt, denen ich mich zu großem Dank verpflichtet weiß. Ab Oktober 1976 bis zum formellen Eintritt in den Ruhestand Ende März 2010 war ich in der Ev.-luth. Landeskirche Hannovers tätig: zur einen Hälfte im Gemeindedienst an der Kreuzkirche in Bremerhaven (1976 bis 1983) und in Hannover in St. Johannis Bemerode (Schwerpunkt: Ev. Kirchenzentrum Kronsberg, Kapellengemeinde Wülferode; 1999 bis 2008), zur anderen Hälfte in kirchenleitenden Aufgaben als Oberkirchenrat im Landeskirchenamt Hannover und Direktor des Hauses kirchlicher Dienste sowie als Theologischer Referent für Fragen der Umwelt-, Medizin-, Technik- und Wirtschaftsethik (1983 bis 1999, 2008 bis 2010 und in den ersten Ruhestandsjahren). Darum gehörte die Beschäftigung mit einer Reihe von gesellschaftspolitischen und wissenschaftlichen Themen zu meinem Aufgabenspektrum. Eine Auswahl meiner theologischen und sozialethischen Vorträge im kirchlichen wie im gesellschaftlichen Bereich lege ich in diesem Buch vor. Vielleicht kann ich meine Überlegungen zur Wirtschafts- und zur Technikethik sowie zur ‚Ethik am Lebensende' später einmal veröffentlichen.

Da die meisten der hier in chronologischer Reihenfolge abgedruckten Texte in meiner Zeit als Pastor im zur EXPO 2000 (Motto: „Mensch-Natur-Technik") errichteten Neubaugebiet Kronsberg am Ev. Kirchenzentrum Kronsberg in Hannover gehalten worden sind oder zumindest wichtige Vorbereitungen dazu während dieser Jahre stattgefunden haben, lautet der Untertitel KRONSBERGER REDEN.

Beim Übertragen ins Buchformat haben sich zu den in den schriftlichen Vorlagen vorhandenen sicher weitere Fehler und Nachlässigkeiten eingeschlichen, z. B. eine uneinheitliche Zitierweise, unerkannt gebliebene Schreibfehler oder unausgeglichene Abstände. Dafür bitte ich um Nachsicht.

Dieses kleine Buch widme ich zwei sehr unterschiedlichen Menschen. Zum einen meiner Deutsch- und Geschichtslehrerin *Hildegard Röhr*, Jahrgang 1925. Ihr verdanke ich neben entscheidenden Denkimpulsen die Erkenntnis, dass Freiheit und Verantwortung zusammengehören, und eine über die Maßen treue Förderung und Freundschaft. Zum anderen meinem Enkel *Benjamin Skubsch*, Jahrgang 2006. Er bedeutet für mich so etwas wie die Gegenwart der Zukunft. Aber ich will ihn keineswegs mit meinen Erwartungen belasten, sondern wünsche ihm, wie auch meiner zur Freundin gewordenen Lehrerin, ein erfülltes Leben auf seinem eigenen, gleichwohl von Gott gewiesenen Weg - ganz im Sinne des Liedes „Vertraut den neuen Wegen..." (EG 395).

Hans Joachim Schliep
Hannover, im Advent 2012

„Gott denken - nach Kants Kritik?“ - Zum 200. Todestag von Immanuel Kant
Ev. Kirchenzentrum Kronsberg Hannover - 21. März 2004

Vor 200 Jahren, genauer: am 12. Februar 2004, starb Immanuel Kant, fast 80 Jahre alt, in Königsberg, seiner Geburtsstadt, in der er am 22. April 1724 zur Welt kam. Wie wir heute denken und leben - das haben wir ganz wesentlich Kant zu verdanken. Er hat die geistigen Grundlagen moderner Wissenschaft gelegt. Er hat die Menschenwürde überzeugend begründet. Er war ein Denker der Freiheit und ein Vordenker des Weltfriedens. Mit seinen nur 1 Meter 57 Körpergröße war Kant, Sohn eines Handwerkers und einer pietistisch-frommen Mutter, ein Geistesriese. Manche sagen: einer wie Platon und Aristoteles. Kant meinte, man könne keine Philosophie, sondern nur „philosophieren lernen“. Dabei leiteten ihn drei Fragen: „Was kann ich wissen? Was soll ich tun? Was darf ich hoffen?“ Sie mündeten ein in die Frage: „Was ist der Mensch?“

Der Kant von Weltruhm ist der Philosoph, der er ab 1780 war. In diesem Jahr hat er, mit 56 Jahren, nach 10 Jahren Nachdenken, in 5 Monaten seine „Kritik der reinen Vernunft“ geschrieben. Seither gilt er als der „Alleszermalmer“. Er stellte 2000 Jahre philosophisches Denken auf völlig neue Grundlagen. Das betrifft auch unser Denken und Reden von Gott.

>Gott< – das war, von Ausnahmen abgesehen, bis Kant die unhinterfragte, unbezweifelte Voraussetzung allen Denkens. >Gott< offenbarte sich in Bibel und Natur und galt als mit Verstandesgründen beweisbar. Fünf Gottesbeweise gab es. So war ›Gott‹ zugleich Ausgangspunkt, Gegenstand und Ziel allen Denkens – und damit auch Teil dieser Welt, wahrnehmbar in den Gesetzen von Natur und Moral.

Warum widersprachen aber dann die Naturgesetze, die Forscher wie Kopernikus, Galilei und Newton herausgefunden hatten, der in der Bibel geoffenbarten Wahrheit? Plötzlich klaffte eine riesige Lücke zwischen Offenbarung und Erfahrung. Experimente förderten andere Ergebnisse und Regeln zutage. In großen Naturkatastrophen – wie dem Erdbeben von Lissabon im Jahr 1755 – zeigte der moralische ›Gott‹ ein grausames, zerstörerisches, un-moralisches Gesicht. Alles geriet ins Wanken – das Denken verlor seine Voraussetzung, die Moral ihre Mitte.

War ›Gott‹ nur ein Uhrmacher, der den Lauf der Welt durch einen ersten Anstoß in Gang gesetzt hatte, dann aber in Rente gegangen war? War der Mensch nur eine Maschine und deren Denken über sich selbst hinaus nur eine nutzlose Kopfgeburt? Ist der Mensch, wenn er „des Menschen Wolf“ ist, überhaupt zu Freiheit und Vernunft, Moral und Kultur fähig?

Jetzt tritt Kant auf den Plan. Angesichts solcher Fragen muss er zuerst das Denken neu denken. Denken - was ist das? Erkenntnis - wie entsteht die? Wissen - was können Menschen aufgrund von Regeln, die allen einsichtig und für alle überprüfbar sind, über diese Welt überhaupt aussagen?

Kants Begründung und Beweisführung ist vielschichtig und schwierig – kein Wunder, er musste eine lange Geschichte des Denkens überwinden. Seine Kernaussage hingegen ist einfach: Außerhalb bzw. vor (a priori) der menschlichen Erfahrung gibt es keine Erkenntnis. Begriffe bilden und Aussagen treffen können wir nur aufgrund von bzw. nach (a posteriori) der Erfahrung. Nur solche Begriffe und Aussagen bilden Wirklichkeit ab. Wissen folgt also der Erfahrung bzw. dem naturwissenschaftlichen Experiment und der Berechnung. Diese Erkenntnisregel ist allerdings an eine grundlegende Gegebenheit gebunden: Alle Erfahrung und alle Erkenntnis spielen sich in Raum und Zeit ab. Raum und Zeit, allem vorgeordnet, sind überhaupt die Rahmenbedingungen für alles Leben. Jeder Körper ist (im) Raum. Jede Bewegung benötigt Zeit. Jedes Denken und Handeln ist auf Zeit und Raum bezogen und an sie gebunden.

Ja, sagt Kant: Erkenntnis gründet auf Erfahrung statt Offenbarung, auf Sinnliches statt Übersinnliches, auf Forschung statt Vermutung, auf Berechnung statt auf bloßer Anschauung. Zugleich erinnert er an die unaufhebbaren Rahmenbedingungen Raum und Zeit. Die Vernunft, die sich selbst bestimmt, und mit ihr die Freiheit, mit denen beiden der Mensch seine ihm innewohnende Würde jenseits jeden preisgebundenen Wertes verwirklicht, bleiben angewiesen auf überall geltende „Kategorien der Anschauung“, die zumindest unserer Gedankenwelt, unserem Bewusstsein und unserem Willensvermögen „vor“gesetzt sind und innerhalb derer wir uns dann als selbstständige und selbsttätige Subjekte selbst „setzen“. Kant charakterisiert „Autonomie“ als Selbstgesetzgebung aus Vernunft und Freiheit (des Willens).

Kant setzt die Vernunft in ihr Recht. Kant zeigt zugleich ihre Schranken. Er ist alles andere als ein platter Vernunftmensch. Jeder Mensch soll als aufgeklärte Persönlichkeit sich seines eigenen Verstandes ohne Leitung anderer bedienen, also frei von staatlicher Bevormundung und kirchlicher Lehre. Er wird die Vernunft vernünftigerweise aber nur als Erkenntnismittel im Bereich des sinnlich Erfahrbaren und Überprüfbaren gebrauchen. Da Vernunft ihrerseits von vorgegebenen Voraussetzungen lebt, wird sie keineswegs behaupten, es gäbe nichts über sie hinaus. Vernunft ist weder von Offenbarung abhängig noch kann sie Offenbarung leugnen oder begründen.

Ist nun Erkenntnis Gottes unmöglich? Keineswegs. Es heißt nur: Das Dasein Gottes kann mit Vernunftmitteln weder bewiesen noch bestritten werden. Kant widerlegt alle Gottesbeweise, ohne daraus den voreiligen Schluss zu ziehen, die Widerlegung der Gottesbeweise sei schon eine Widerlegung Gottes. Im Gegenteil: Kant hält an der

Idee eines Schöpfergottes fest. Um der Vernunft willen! Denn die Vernunft muss Gott als Idee, als Ausgangs- und Fixpunkt, als Grund- und Grenzbestimmung des Weltganzen und der Welteinheit denken. Auch wenn dieses ›Andere‹ nur eine - wenngleich bestimmende - Idee ist.

Vor allem im Blick auf das gute Handeln, die Moral, ist ›Gott‹? eine sinnvolle und notwendige Annahme der Vernunft. Nach Kant handelt der Mensch gemäß Vernunft und Freiheit nur, wenn die Grundsätze seines Handelns auch die Grundsätze für das Handeln aller anderen sein können. Das ist der Kern von Kants berühmtem „Kategorischen Imperativ“. Der besagt kurz gefasst und vereinfacht: Die Maximen, also die orientierenden Grundsätze meines eigenen Handelns können, vor allem sollen jederzeit für alle anderen Menschen als Maximen ihres eigenen Handelns gelten. Dieses bedeutet zugleich, dass jedem Menschen um seiner selbst willen Anerkennung und Achtung gebührt, also kein Mensch einem Zweck unterworfen werden darf, der ihm nicht selbst dient. Dieses Recht auf Anerkennung und Achtung, also Würde, wohnt den einzelnen Menschenwesen von Anfang inne!

Dann brauchen Vernunft und Freiheit aber auch eine Markierungslinie, an der die verallgemeinerungsfähigen Grundsätze für verantwortliches Handeln erkennbar sind. In der Idee Gottes, den Kant als höchsten Gesetzgeber denkt, sind zugleich Sinnhaftigkeit und unbedingte Geltung moralischer Grundsätze garantiert. Denn trotz Vernunft und Freiheit bleibt das „krumme Holz“ Mensch dem „radikal Bösen“ verhaftet. Kant sieht den Menschen also ganz nüchtern, wie er eben ist. Dabei ist er kein Menschenverachter. Vielmehr ist für ihn, was ein Mensch tut oder lässt, von unendlichem Wert, der keineswegs mit der begrenzten Lebenszeit erlischt. Deshalb nimmt Kant aus Gründen von ›Vernunft‹, ›Freiheit‹ und ›Moral‹ den Gedanken ›Unsterblichkeit‹ bzw. ›ewiges Leben‹ auf.

Kant bezeichnet ›Gott‹, ›Freiheit‹ und ›Unsterblichkeit‹ als die drei großen Fragen, welche die Vernunft wegen ihrer begrenzten Reichweite weder endgültig beantworten noch aus Gründen des guten Handelns und der Gebrochenheit aller Erfahrung als unbedeutend beiseite schieben kann. So gründet er allerdings „den Glauben auf die Moral“ statt „die Moral auf den Glauben“.

Und was sagen wir dazu? Es wird Zeit, wenigstens skizzenhaft anzudeuten, wie ich nach Kants Kritik ›Gott‹ zu denken versuche. Zunächst stelle ich fest: Nach Kants streng vernunftbestimmter Kritik muss sich niemand schämen, ›Gott‹ zu denken. Kant zieht einer Gottesleugnung, die im Namen des Gottes „Vernunft“ ›Gott‹ aus dem Denken heraushalten will, den Boden unter den Füßen weg. So befreit Kant von Gedankenlosigkeit. Gleicherweise befreit Kant davon, bei Aufgabe selbstständigen Denkens von ›Gott‹ wie von einer unhinterfragbaren Denkvorgabe auszugehen. Er hebt alles aufgezwungene Wissen auf und macht „für den Glauben Platz" - auch für den Glauben, der Vertrauen ist. ›Gott‹ ist eben kein Gegenstand der Welt, den ich mir zurechtdenken kann. Dietrich Bonhoeffer hat gesagt: „Einen Gott, den es gibt, gibt es nicht." Ein befreiender Satz für mich. Denn ›Gott‹ zu denken, heißt für mich: der Begegnung mit dem stets bewegenden und belebenden Grund, mit der immerfort schaffenden und erneuernden Kraft des Seins nach-zu-denken. Und so Glauben als vernünftiges Vertrauen in den unverfügbaren Grund des Daseins zu verstehen (nach Hans Küng). Gerade durch sein klares Denken, mit dem er die Grenzen der menschlichen Erkenntnismöglichkeiten erfasste, hat Kant auf der anderen Seite wieder Platz für den Glauben geschaffen - eben für den Glauben als vernünftiges Vertrauen in den Grund des Daseins.

Mit anderen Worten: ›Gott‹ ist das Geheimnis der Welt, ihr Grund, ihre Kraft und ihre Grenze. Jenes Geheimnis erfasst mich im Staunen darüber, dass nicht nichts ist und wir - alle zusammen - sind. Es ergreift mich im Blick in die Augen eines Kindes: das Wunder des Lebens. Es erschüttert mich, wenn ich in den Abgrund von Tyrannei, Terror und Tod blicke. Es erhebt mich im Glück der Liebe. Es entlastet mich, wenn ich Gnade und Vergebung erfahre. Es ermutigt mich, Verpflichtungen einzugehen und Verantwortung zu tragen. Es erleuchtet mich im Denken und Forschen - selbst dann, wenn der Mantelsaum der Wahrheit an mir vorüberweht. So spricht es mich an, das Geheimnis der Welt, und ich gebe ihm einen Namen, den Namen ›Gott‹ - und damit beginne ich, ›Gott‹ zu denken. Auf diese Weise glaubend denken und denkend glauben heißt, dem Ergriffensein von dem, was mich unbedingt angeht, nachzudenken. Das geht nur im Zusammenhang mit allem verfügbaren, gerade auch dem naturwissenschaftlichen Wissen und im Dialog mit dem Wahrheitsbewusstsein der Zeit. Da müssen jedes eingetrichterte Wissen, jeder aufgepfropfte Glaube weichen.

Damit bin ich nahe bei Kant. An einer entscheidenden Stelle jedoch unterscheide ich mich von ihm, weil dieses bei ihm zu kurz kommt bzw. sein Denken als Absage an alles Religiöse gedeutet werden kann und wurde: Auch ›Gott‹ als dem Geheimnis der Welt nachzudenken, bezieht sich auf Erfahrung - auf religiöse Erfahrung. Religiöse Erfahrung ist etwas ganz Eigenständiges, ein für sich wahrnehmbarer, unverwechselbarer Bereich. Von einer „eigenen Provinz im Gemüt" hat Friedrich Schleiermacher gesprochen. Und religiöse Erfahrung ist ein weiter Raum. Jeder Mensch gelangt in ihn spätestens dann, wenn ihn aus der Erfahrung des Gegebenseins der Welt und des Empfangenhabens des Lebens das Gefühl schlechthinnigen Angewiesenseins erfasst. Aus meiner Sicht bauen sich auf diesem Grund, der allem eigenen Erkennen und Handeln vorangeht, Selbstbestimmung, Mündigkeit und Verantwortlichkeit auf. Mit anderen Worten: Ich bin eben bestimmt zur Selbstbestimmung! Über solche „religiös" zu nennenden Erfahrungen denkt die Theologie als Wissenschaft nach, und zwar nach Regeln der Vernunft in nachvollziehbaren, für kritisches Denken sinnvollen Aussagen.

In diesem Verständnis ist es kein Vernunftglaube, demzufolge ›Gott‹ nur der höchste Gesetzgeber im Sinne der Moralgebote und Jesus Christus das Ideal eines Menschentums ist, das sich bereits in moralischer Pflichterfüllung vollendet wissen will. Glaube und damit ›Gott‹ haben zuallererst mit Sein und Sinn zu tun, dann erst mit Moral. Glaube bezieht sich auf das, was noch so gutem Handeln unerreichbar bleibt, was mich in jeder Form des Scheiterns nicht scheitern lässt, was mir die Freiheit schenkt, mich anzunehmen als angenommen, was mir voraus ist und woher ich komme, was mich schon zu einem würdevollen und vernunftbegabten Wesen macht, bevor ich denken und handeln kann. Ich habe mein Selbst ja nicht aus mir Selbst, sondern aus der Begegnung, aus dem Angesprochensein von jemandem oder etwas. Meine Freiheit und meine Vernunft sind allemal Antwort.

Was ich mich bei Kants vernunftbegründetem und moralbestimmtem Gottesglauben vor allem frage: Kennt er die Gnade? Denn was könnte dem radikal Bösen, das Kant außerordentlich irritierte, entgegen gesetzt werden außer - Gnade?! Und was könnte denn die Vernunft zum Gebrauch ihrer Freiheit und die Freiheit zum Gebrauch der Vernunft befreien außer - Liebe?! Gnade und Liebe, Freiheit und Hoffnung vermittelt uns Jesus Christus. Und das heißt auch: Menschsein geht nicht in Wissen und Moral auf. Menschsein ist Begegnung mit dem Geheimnis der Welt, mit dem Leben anderer und dem eigenem Leben. Mit dem Schmerz auch, der die Bruchlinien der Erfahrung markiert. Bruchlinien, die zumal im Scheitern trotz guten Willens und besten Wissens auftreten, z. B. in unerkennbaren Nebenfolgen, angesichts unaufhebbaren Nichtwissens - Wunden, die plötzlich aufplatzen an den Grenzen des Verstehens und des Leibes.

„Zum Beschluss" seiner „Kritik der praktischen Vernunft" bekennt Kant: „Zwei Dinge erfüllen das Gemüt mit immer neuer und zunehmender Bewunderung und Ehrfurcht, je öfter und anhaltender sich das Nachdenken damit beschäftigt: Der bestirnte Himmel über mir und das moralische Gesetz in mir." Folgten alle der Einstellung Kants, stünde es um Menschheit und Schöpfung besser. Es bedeutete sowohl ein Ernstnehmen dessen, womit Vernunft beginnt: mit der Unterscheidung von Schöpfer und Geschöpf, als auch eine unbedingte Achtung der Menschenwürde und der Würde der Natur. Damit berührt Kant Paulus in Römer 11, Verse 33 bis 36:

O welch eine Tiefe des Reichtums, beides, der Weisheit und der Erkenntnis Gottes! Wie unbegreiflich sind seine Gerichte und unerforschlich seine Wege. ... Denn von ihm und durch ihn und zu ihm sind alle Dinge. Ihm sei Ehre in Ewigkeit!

* * *

„Auf dem Grund des Bechers“
Abschluss der Ökumenischen Vortragsreihe
GOTTESBILD UND MODERNE NATURWISSENSCHAFT
Ev.-luth. Jakobikirche Hannover-Kirchrode - 8. Oktober 2006

„Der erste Trunk aus dem Becher der Naturwissenschaft macht atheistisch; aber auf dem Grund des Bechers wartet Gott.“ Dieses Wort des Physikers Werner Heisenberg schicke ich meinem Nachdenken über die drei zentralen Fragen aus der Ökumenischen Vortragsreihe 2006 voraus: Wie sollen wir uns im Blick auf die moderne Kosmologie Gott als handelnden Schöpfer und persönliches Gegenüber vorstellen? Wie kann angesichts der Hirnforschung der Mensch noch als „Ebenbild“, als zu Antwort und Verantwortung fähiger Ansprechpartner Gottes betrachtet werden? Und macht nicht das unfassliche Leid infolge von Katastrophen und Terror jede Gottesidee von vornherein zunichte?

Die moderne Wissenschaft lässt Gott ganz und gar aus dem Spiel. Damit aber kann gerade sie helfen, uns von Gott kein Bildnis zu machen. Wird nämlich Gott zur Voraussetzung von Wissenschaft gemacht, wird zum Gegenstand der Welt, was als ihr Grund gedacht war. Einen Gott aber, den es gibt, gibt es nicht. Der menschliche Verstand kann Gottes Existenz weder beweisen noch widerlegen. Diese Einsicht Immanuel Kants entspricht dem Wesen des Glaubens: Er ist ein existentielles Vertrauen aufgrund religiöser Erfahrung. So gehört zum Glauben, die Unergründlichkeit Gottes ein Leben lang auszuhalten. Gleichwohl hat er gute Gründe in dem, was uns widerfährt und unseren Alltag übersteigt, wie im Geborenwerden und Sterbenmüssen, in Liebe und Furcht, in der Begegnung mit der Natur, ja, im Eros des Forschens selber! Glaube ist vernünftiges Vertrauen in den unverfügbaren Grund des Lebens.

Am Anfang schuf GOTT (den) Himmel und (die) Erde.... So beginnt unsere Luther-Bibel. Im Hebräischen lese ich freilich: *Im Anfang*! Die Hebräer dachten die Schöpfung als kreatives Geschehen, als dynamisches Ereignis! Über finsterer Urflut göttlicher Geistwind, der gurgelt und brodelt, dröhnt und donnert in der Materie. Gott schafft, indem das Chaos gebannt wird: Wirkmächtiges Wort bringt Licht und begrenzt Finsternis. Das explosive Chaos wird aufgespannt zu Zeit und Raum. Das „Scheiden“, „Machen“ und „Benennen“ des Weltbestandes ist Ordnen und darin Eröffnen von Lebensraum. Das Urteil „gut“ bedeutet: „zum Leben geeignet“. Auch der vertraute Sieben-Tage-Rhythmus kündet - statt von zeitlicher Dauer der Welterschaffung - von der Lebbarkeit und Lesbarkeit der Welt. So lädt die Bibel ein zum Dank für das geschenkte und zur Bitte um gelingendes Leben. Ihr geht es um die angemessene Einstellung des Menschen zu allem Geschaffenen und seinem eigenen Geschaffensein. Dazu gehört auch der haushalterische, also ökologische Umgang mit Welt und Leben.

Die Bibel vermittelt die rechte EINSTELLUNG zur statt irgendeine VORSTELLUNG von Schöpfung. Sie enthält keine eigene Weltentstehungstheorie. Vielmehr stiftet sie an zu dem Vertrauen, dass sich Schöpfung ständig ereignet. Statt einen unvordenklichen Anfang besingt sie den unverfügbaren Ursprung: diejenige Kraft, die fortgesetzt und andauernd Leben in vielen Formen und durch viele Formen hindurch grundsätzlich erhält und fortentwickelt.

Mithin bindet die Bibel an kein Modell von Kosmosentstehung und Lebensentwicklung. Sie ist offen für die Evolutionstheorie nach Charles Darwin. Offen für das kosmologische Standardmodell, die Urknalltheorie, wie für die Theorie eines beständigen Universums, das sich ausdehnt und zusammenzieht. Auch die Stringtheorie oder die Idee vieler Universen bereiten keine theologischen Probleme. Man wird ja sehen.

War im Anfang zwar *tohu wa-bohu*, strukturlos Unbelebtes, aber nicht Nichts - was ist dann mit der „Schöpfung aus dem Nichts"? Ich verstehe jene alte Lehre heute so: Im Entstehen, Erhalten und Entwickeln von Leben waltet eine zentrierende und konzentrierte Wirkmacht, die grund- und voraussetzungslos eine Welt hervorbringt. Aber nicht im Sinne eines physikalisch leeren Zeitraums vor der Raum-Zeit, sondern im Sinne Martin Luthers: „...aus lauter väterlicher, göttlicher Güte und Barmherzigkeit, ohn all mein Verdienst und Würdigkeit"! „Schöpfung aus dem Nichts": Welt und Leben sind GEWORDEN und GEGEBEN kraft einer unbedingten Wirkmacht. Der Mensch dagegen kann nur etwas gestalten aus dem, was schon gegeben ist.

Gewiss, eine Grenzaussage. Wie sie auch Physik und Mathematik machen. Selbst diesen „exakten Wissenschaften" ist es unmöglich, die ganze Wirklichkeit zu erfassen und alle ihre Sätze lückenlos zu bewahrheiten. Außerdem: Wer sähe denn das Universum von außen? Von innen gibt es keinen unabhängigen Blick auf die Raum-Zeit. Wir sind begrenzt durch einen Horizont. Ein solcher Horizont in Raum und Zeit ist der „Urknall". Der „Big Bang" muss also nicht der Nullpunkt in der Geschichte sein. Schon deshalb gibt er keinen Beweis her für eine Schöpfung aus dem Nichts oder einen Ruhezustand am Anfang und am Ende. In der Tat sind ja, weil menschlicher Erfahrung entzogen, Anfang und Ende der Raum-Zeit ebenso unvorstellbar wie ihre unendliche Dauer. Das allerdings bedeutet: Das Geheimnis der Welt - indem es sich entbirgt, verbirgt es sich!

Eine Erkenntnis, die uns schon im biblischen Gottesnamen entgegenkommt. In der Stimme aus dem brennenden Dornbusch (2. Mose 3,14) stellt sich Gott im Namen vor, als JAHWE: *Ich bin, der ich bin. Ich werde sein, der ich sein werde. Ich war, der ich war.*

Ich bin für euch da als der, als der ich für euch da sein werde. Das sind nur einige Übersetzungsmöglichkeiten. Martin Buber formuliert knapp: ICH BIN DA. Richtig verstanden bedeutet es: Ich werde geschehen, als der ich geschehen werde. Im Namen JAHWE tritt Gott als geschehendes Sein-selbst hervor: kein von außen oder „unbewegter", sondern ein in sich selbst „bewegter Beweger", immer in Beziehung zu Anderem. Dem Namen JAHWE liegt der Ausruf „JA!" zugrunde: das spontane, urtümliche Staunen über Welt und Leben! Es ist nicht nichts - und ich bin mittendrin! Freude und Furcht. Ein Laut, gegen den niemand sich wehren kann, wird zum Namen JAHWE - als Name für die Energie, die Dynamik des Seins, physikalisch gesprochen für das „Feld", in dem die Kräfte von Gravitation und Elektromagnetismus miteinander wirken.

Rufen wir jemandes Namen, ereignet sich personale Beziehung. Darum geben wir Kindern ja einen Namen: Sie sind etwas ganz Eigenes, Unverfügbares - und doch etwas Vertrautes und Anvertrautes. Der Name ist Anrede und Anerkennung, Zuspruch und Anspruch. In diesem Sinn offenbart sich inmitten des Seins, im Gottesnamen als Mitte des Seins Dasein und Mitsein: zeitlich offen, die Zeiten übergreifend. Indem ein Mensch den Gottesnamen nennt, wird er jenseits der Alltagsroutine der zentralen Seinsmacht ansichtig, die ihn unbedingt angeht, die ihn ergreift, ja, überwältigt.

Ja, wäre GOTT bei uns - statt toter Begriff - doch lebendiger NAME! Im Aus- und Ansprechen des Gottesnamens erreichte der unverfügbare Grund von allem, was ist, uns tiefer als in kosmisch-universellen Gefühlen oder in der Verdinglichung Gottes im schein-frommen, schlicht unbiblischen Gewand des „Creationismus" und der Idee von einem „intelligenten Designer".

Der Gottesname bleibt mehrdeutig - wie für uns auch ein Kind, eigentlich jeder Mensch bekannt und unbekannt zugleich ist: Enthüllung und Verhüllung, Benennung und Unnennbarkeit. Beides zusammen ist die ganze Wahrheit - die Wahrheit als Geheimnis! So wird ja Wirklichkeit erfahren: als anziehend und abschreckend, als beglückend und bedrückend. Die im Namen GOTT zentrierte Seinsmacht kann, wenn sie Liebe ist, Zorn werden, was sie aufbaut, zerstören, Lebendes in den Tod und Totes ins Leben rufen. So ist GOTT Name für das „Herz des Seins"!

Dort, im „Herzen des Seins", wohnt die Liebe. Wir taufen heute ein Kind. Wer könnte sich den Augen eines Kindes entziehen? Kinder sind unwiderstehlich. Ich muss das Wunder neuen Lebens einfach bewundern - und doch übt es keinerlei Gewalt wider meinen Willen aus. Eher schon müsste ich meinem Willen Gewalt antun, um den Blick von ihm abzuwenden. So beansprucht auch GOTT meine Aufmerksamkeit, ohne meine Freiheit zu beschränken. Glaube ist zwangloser Zwang, ein Zusammenspiel von Bindung und Selbstbestimmung. Erst was mich unbedingt angeht, eröffnet mir eigene Lebensmöglichkeiten. Wer so in Freiheit glaubt, erfährt keine Wirklichkeit jenseits Gottes.

Damit komme ich zurück zu den Eingangsfragen. Ich habe keine Antworten, aber ich entdecke Spuren:

> Wie verstehe ich Gott als „Person"? „Personalität" ist ein „Feld", ein Beziehungsgeflecht im Miteinander und Gegenüber. In diesem Sinn glaube ich „an" - in der Bibel heißt es: „in" - GOTT als personalem Gegenüber, als Du, als Adressat meines Gebets. Aber ein Bild von Gott als Gestalt hinter dem Universum widerspricht dem „Bilderverbot" und ist angesichts der modernen Kosmologie unhaltbar. Der Gottesname hält die Ermöglichung des Personseins präsent. In ihm begegne ich dem Grund des Personhaften, der Macht des Personalen. Gott ist keine überdimensionale Person hinter allen anderen Personen. Aber Gott begegnet höchst persönlich - auf männliche und auf weibliche Weise. So, denke ich, ist die Rede vom „persönlichen Gott" sinnvoll und notwendig. Und so vermeiden wir, über Gott statt zu Gott zu sprechen.

> Wie deute ich die Rede von Gottes „Allmacht" und „Allwissenheit"?

Ist Gott etwa übergroß - und du, Mensch, bist nur ein kleiner Wurm? Nein! Gemeint ist keine Steigerung von Macht ins Überdimensionale. Gottes Allmacht ist „Grund aller Macht", Ermöglichung von Macht überhaupt, zumal der des Menschen. Zugleich ist an die Machtgrenzen des Menschen erinnert. Gleicherweise spreche ich, wenn ich Gott „allwissend" nenne, nicht von einer unendlichen Steigerung des Wissens, worin alles vorausgewußt wird, sondern von der Ermöglichung allen Wissens. Ohne diesen Grund könnte ich nichts wissen. Er markiert zugleich die Grenzen des Wissens. Mit neuem Wissen entstehen neue Wissenslücken.

Zurück zu „Allmacht". Zu ihr gehört für mich der Blick auf den gekreuzigten und auferstandenen Jesus Christus. An ihm erkenne ich, wie Gott seine Allmacht vorzüglich einsetzt: in der Annahme und Überwindung der Ohnmacht. Einen Gott, der sich selbst der Ohnmacht aussetzt, um den Ohnmächtigen nahe zu sein, kennt keine andere Religion. Aber das ist das unverwechselbar Christliche. Aus menschlicher Sicht ein Ärgernis, ein Skandalon. Für mich der Grund, Christ zu sein.

Was sind dann die Naturgesetze? Der Möglichkeitsrahmen für alles, was in der Welt geschieht - auch für die Freiheit, die um des Lebens willen ja keine ungeregelte sein kann. Dabei zeigt uns die Quantenphysik, wie die Welt nicht bis ins letzte Detail festgelegt ist. Im Blick darauf verstehe ich Gott als Bestimmer der Unbestimmtheiten. Auch darum ist für mich GOTT lebendiger Name - und kein unveränderliches Wesen. In diesem Sinn spreche ich lieber als vom „Handeln" vom „Wirken Gottes":

durch die Naturgesetze in schöpferischer Vielfalt. Wir kennen ja keineswegs schon das gesamte Variationsreservoir.

Nun kurz zur Hirnforschung. Sie kann die Hirnstrukturen erklären, aber nichts beitragen zum Sinnverstehen. Eine Leib-Seele-Trennung führt völlig in die Irre. Der Mensch hat keine Seele - mit Leib und Geist ist er Seele. Es gibt keinen Geist ohne Leib, also jenseits bio-chemischer Prozesse. Doch sie und die Hirnstrukturen sind die Möglichkeitsbedingungen für Wahrnehmen und Handeln überhaupt - und damit auch für „Freiheit". Nur wem „Freiheit" zugesprochen und zugemutet wird, ist verantwortungs- und damit schuldfähig, also ein Mensch.

Warum Katastrophen? Warum soviel Leid? Abgründige Fragen! Eine Antwort wüsste nur, wer in der Position Gottes säße. In dieser Position der Mensch - das wäre eine permanente Katastrophe. Ich muss einsehen, dass die Welt tiefe Brüche und Risse hat, dass sie sich weiterentwickelt im Werden und Vergehen. „Lässt" GOTT das Leid „zu"? Gott bleibt unbegreiflich. Aber ich kann nicht glauben, Leid sei als solches gott-gewollt, ohnehin nicht, wenn Menschen es verursachen. Aber eine „freie Selbstzurücknahme" Gottes - die kann ich mir denken, zumal um der Freiheit und der Verantwortung der Menschen willen. Auch sie ist nur auszuhalten im Blick auf den gekreuzigten Nazarener. In ihm hat Gott selbst alles Scheitern, alles Leiden, Gewalt und Tod auf sich genommen. Kraft der Hingabe Jesu Christi kann ein „Sinn über allem Sinn" erwachen, der alles Sinnwidrige in sich aufnimmt und verwandelt.

Aus Jesu Hingabe und seiner Annahme bei GOTT speist sich die Hoffnung auf *einen neuen Himmel und eine neue Erde* (Off 21,1-5)! Was vor Augen ist, ist keineswegs alles! Die biblische Apokalyptik klärt darüber auf, welche Katastrophe es wäre, bliebe alles, wie es ist: Der Tod will immer das letzte Wort haben - er wird es aber nicht bekommen. Dieses notwendige und heilsame religiöse Bild darf nicht kausal und kosmologisch missverstanden werden, berührt sich allerdings mit dem Wissen von den gewaltigen Veränderungsprozessen in der Entwicklung des Lebens.

Am Ende also Jesus Christus. Hat sich in ihm das „anthropische Prinzip" schon vorab vollendet? Warum waren die Ursprungsbedingungen gerade so, dass Menschen daraus hervorgegangen sind? Das gibt zu denken, auch wenn der Mensch keineswegs das Ende der Entwicklung markiert. Antwortet hier der Logos, der Geist im Herzen der Materie, sich selbst? Was meinen Sie?

Allerdings sind wir alle, viel zu selten erleuchtet vom Licht unserer Vernunft und unserem aufrechten Gang zuwider, ein „krummes Holz" (Immanuel Kant). Gleichwohl scheinen nur wir Menschen die Natur zu sein, die Kultur formen kann. Und die den Namen GOTT, in dem alles Leben sich vernetzt wissen darf, aussprechen und in ihm einen Sinn entdecken kann! Das sollte uns umso leichter fallen, als nach dem Zeugnis der Psalmen auch die Kreatur jubelt und selbst die Bäume Beifall klatschen.

* * *

„Vom tätigen Leben" - Erinnerung an Hannah Arendt
Ev. Kirchenzentrum Kronsberg Hannover - 15. Oktober 2006

Vorige Woche standen in der Hannoverschen Allgemeinen zwei Artikel über Hannah Arendt. Als eines für viele ihrer Werke sei hier nur genannt: Hannah Arendt: Vita activa oder vom tätigen Leben, München 1987. Die jüdische Philosophin wurde am 14. Oktober 1906, also gestern vor 100 Jahren, in Hannover geboren. Ihren Namen habe ich zum ersten Mal Mitte der 60er Jahre gehört, als ihr Buch über den Prozess gegen Adolf Eichmann, den - als Schreibtischtäter - willigsten Vollstrecker der Verbrechen an jüdischen Menschen, viel Aufsehen erregte. Seither sind mir immer wieder Textausschnitte aus Hannah Arendts Werk begegnet. Wenige, aber das Wenige hat mir jedesmal neue Lichter aufgesteckt. Deshalb gehört Hannah Arendt zu den Menschen, derer wir uns immer wieder erinnern sollten. Also spreche ich jetzt zuerst über diese Frau und beziehe dann Einsichten, die ich mir von ihr angeeignet habe, auf Bibeltexte, die zum heutigen Sonntag gehören.

Schon Hannah Arendts Lebenslauf beeindruckt mich. In Hannover geboren, zog sie mit ihren Eltern nach Königsberg. Früh verlor sie ihren Vater. In Königsberg wuchs sie auf und ging sie zur Schule. Hannah Arendt war hochbegabt und deshalb wohl gelegentlich aufsässig, jedenfalls für das preußische Schulsystem, das Gehorsam verlangte. Sie wurde noch vor dem Abitur des Mädchengymnasiums verwiesen. Stattdessen begann sie bereits mit 17 Jahren als Gasthörerin an der jetzigen Humboldt-Universität in Berlin ein Studium und machte ihr Abitur als Externe. Hannah Arendt studierte dann in Marburg, Freiburg und Heidelberg bei bedeutenden Professoren Philosophie, evangelische Theologie und Griechisch. Dabei haben ihre außerordentliche Klugheit wie ihre außergewöhnliche Schönheit einen so klugen Philosophenkopf wie Martin Heidegger zeitweise um den Verstand gebracht.

Hannah Arendts Doktorarbeit handelte über das Verständnis von „Liebe" beim Kirchenvater Augustin. Aber aus einer akademischen Karriere wurde nichts. Schon 1933 musste sie Nazi-Deutschland verlassen. Sie ging für einige Jahre nach Paris und dann über Lissabon nach New York. Dort wohnte sie bis zu ihrem Tod im Jahr 1975. Zunächst half sie Juden, vor allem Kindern und Jugendlichen, bei der Umsiedlung nach Palästina. Hannah Arendt stand zeitweilig in Diensten der zionistischen Bewegung, blieb aber ihr Leben lang kritisch gegen einen Staat Israel, sofern er einen Alleingeltungsanspruch im Heiligen Land durchsetzen wollte. Ab den 40er Jahren wirkte sie als politische Publizistin in den USA und hielt Seminare an den besten Universitäten.

Hannah Arendt war zu ihrer Zeit eine der wenigen Philosophinnen. Sie hat vielen Frauen den Weg zur Philosophie geöffnet. Wie gut: Heute gibt es zum Glück viele Frauen in diesem Beruf! Von denen beeindruckt mich am meisten Martha C. Nussbaum, um jetzt nur diesen einen Namen zu nennen. Zurück zu Hannah Arendt: Sie war mit herausragenden Philosophen und Politikern persönlich oder durch Briefe im Kontakt, trug das gesamte abendländische Denken in sich. Gleichwohl pflegte sie unabhängig von allen Denkschulen ein selbstständiges Denken jenseits von Dogmen. Man hat es als „Denken in der Lücke" bezeichnet. Sie selbst sprach von einem „Denken ohne Geländer". Eine Predigt bietet wenig Raum, solches Denken vorzustellen. Aber ich will von den Denkimpulsen erzählen, die mir ganz persönlich Hannah Arendt so wichtig machen, die eine Brücke zum christlichen Glauben darstellen und sie auch in der Theologie unvergessen sein lassen sollten.

„Ich will verstehen." Das ist der Haupt-Satz, der mir von Hannah Arendt in Erinnerung bleiben wird. „Ich will verstehen." Sie spürte den Hintergründen von Welt und Leben, den Tiefenschichten menschlichen Daseins nach. Auf diesem Weg brach sie Tabus, achtete aber das Geheimnis, das in Welt und Leben waltet. Den Dingen auf den Grund zu gehen, gleichwohl ihre letzte Unergründlichkeit zu achten und zu beachten - darin erweist sich doch wahre Humanität, Menschlichkeit, im Denken wie im Handeln!

In einem Gedankensprung verbinde ich nun diese Lebenshaltung und Denkbewegung mit dem „Doppelgebot der Liebe". Wir haben es vorhin im Evangelium gehört. Gott zu lieben, bedeutet ja auch, Welt und Leben in ihren Tiefen zu ergründen - gerade in dem Wissen um ihren unverfügbaren, dem menschlichen Zugriff entzogenen Grund. Und den Nächsten zu lieben wie sich selbst, bedeutet in jedem Fall, ihn verstehen zu wollen, ihn zu erkennen und anzuerkennen als fühlendes, denkendes, handelndes, hoffendes Wesen, wie ich selbst eines bin. Mit ganzem Vermögen und aller Kraft Gott zu lieben, dazu gehört solches Verstehenwollen. Und Nächstenliebe braucht die Bereitschaft, sich ganz in den Nächsten hineinzuversetzen, gleichsam zu versuchen, „in seinen Mokassins zu gehen", wie es ein indianisches Sprichwort sagt.

Dahinter stand für Hannah Arendt die Aussage im Schöpfungslied 1. Mose 1,28: *Gott schuf den Menschen zu seinem Bilde, zum Bilde Gottes schuf er ihn, und schuf sie als Mann und als Frau.* In der Welt sind viele Menschen. Diese bilden nicht einander ab, sondern sind je für sich und alle gemeinsam Ebenbild Gottes, und zwar in dieser Verschiedenheit, die zugleich ihre Gemeinsamkeit ausmacht. So dachte Hannah Arendt die Voraussetzung, das Merkmal menschlicher Existenz: Pluralität als Bedingung und Ziel von Humanität.

Auf diesem Hintergrund und natürlich dem ihrer eigenen Erfahrung als Jüdin schrieb sie nach dem 2. Weltkrieg ihr erstes Werk, mit dem sie schlagartig bekannt wurde: ‚Elemente und Ursprünge totaler Herrschaft'. Um der Kürze willen gebe ich nur den Grundgedanken, der mir selbst wichtig geworden ist, in meinen Worten wieder: Die totale politische Herrschaft vernichtet den einzelnen Menschen als dasjenige Wesen, das handeln kann. Sie verdammt ihn zu Wertlosigkeit und Beliebigkeit und löscht Politik selber - als Lebensgestaltung - völlig aus. Folglich ist eine totale politische Herrschaft Ausdruck des Nichts - und der Nationalsozialismus der nackte Nihilismus. [Ganz aktuell: Wer Vertreter nationalsozialistischen Gedankenguts wählt, wie bei den letzten Landtagswahlen in einigen Bundesländern geschehen, wählt das pure Nichts.] Dagegen wollte Hannah Arendt durch ihr Denken die Menschen wieder befähigen, ihre Welt mit eigenen Händen zu gestalten.

Worin besteht das Menschsein? Die Autorin Hannah Arendt äußerte die schwierigsten Gedankengänge - doch nur, um das Menschsein so konkret wie möglich zu erfassen. Die meisten Philosophen lieben ja Abstraktionen über das Wesen von Sein und Mensch, wie am Hauptwerk ihres Freundes Martin Heidegger zu erkennen ist: ‚Sein und Zeit'. Dagegen gab Hannah Arendt der deutschen Fassung ihres philosophischen Hauptwerks den Titel: ‚Vita activa - oder: Vom tätigen Leben'. „Vom tätigen Leben“: der Mensch ist ein Arbeitender, ein Herstellender und ein Handelnder. Es fehlt jetzt die Zeit zu erläutern, wie sie Arbeiten, Herstellen und Handeln unterscheidet und aufeinander bezieht. Wichtig ist: Ihre Überlegungen zielen darauf ab, dass jeder Mensch ein Handelnder werden und bleiben kann. Im Handeln liegen Selbstständigkeit, Würde, Freiheit, zeigen sich Urteilskraft und Verantwortung. In diesem Sinn hat Hannah Arendt Politikwissenschaft nicht mehr als Theorie politischer Herrschaft und Organisation begriffen, sondern als Befähigung zum demokratischen Handeln. Darum setzt sie - gegen alle Totalität - die Pluralität. Nur so, davon war sie überzeugt, ließ sich, nachdem „geschehen war, was nie hätte geschehen dürfen“, eine Zukunft eröffnende Antwort auf die äußerste Bedrohung des Menschseins in der modernen Zivilisation geben.

Und wodurch wird der Mensch zum Handelnden? Etwa weil er ein ins Sein geworfenes, zur Freiheit geradezu verdammtes und zum Tod bestimmtes Wesen ist? Nein, sondern aufgrund seiner „Gebürtlichkeit“ (Nativität), wie Hannah Arendt formuliert. Seine „Gebürtlichkeit“ teilt jeder Mensch mit jedem Menschen, sie verkettet alle miteinander und verpflichtet alle füreinander. Zugleich - und darauf zielt der Gedankengang - ist jede Menschengeburt ein „Neuanfang". Kraft dieses Neuanfangs ist Handeln das Wesen menschlicher Freiheit und damit Politik möglich.

Warum also werden Menschen geboren? Damit es in dieser Welt immer wieder einen neuen Anfang gibt! Ein aufregender Gedanke: die „Gebürtlichkeit". Ich verbinde ihn mit einem neutestamentlichen Hauptgedanken: *Haltet den Glauben an Jesus Christus...frei von allem Ansehen der Person.* So Jakobus 2 Vers 1. „Gebürtlichkeit" bedeutet dann einerseits: Jedes Menschenkind hat sein Selbstsein, gerade weil es wie jeder andere Mensch geboren wird und ihm so sein Leben gegeben ist. Weil und wie wir uns gegeben sind - darin gründet unsere Freiheit. Es bedeutet andererseits: Wer vor der Geburt eines Menschen dessen so gegebenes Selbstsein veränderte, zum Beispiel durch gentechnische Eingriffe, beraubte ihn, der sich weder selbstständig äußern noch wehren kann, seines Selbstseins und damit seiner Freiheit. Näherten wir uns damit wieder totaler Herrschaft, totaler Beherrschung, nur verborgen unter guten Absichten? Würde dann schon vor ihrer Geburt eine werdende Person nicht als das angesehen, was sie ist, sondern als das, was sie in den Augen anderer sein soll? Ohne Ansehen der Person - das heißt doch auch: in einer Person einzig das zu sehen, was sie ist - und sie eben als das anzuerkennen. In welchem Totalitarismus landeten wir, beruhte unsere Anerkennung auf etwas anderem als einfach unserem so gegebenen Menschsein, allemal unserer „Gebürtlichkeit"?!

Das ist eine der Einsichten, die sich mir bei der Lektüre von Bibeltexten in Verbindung mit Texten von Hannah Arendt aufdrängen. Dazu gehören zwei weitere Erkenntnisse. Mit der ersten hat Hannah Arendt einen heftigen Streit in der politischen Welt ausgelöst. Für die Zeitung ‚The New Yorker' berichtete sie über den Prozess gegen Adolf Eichmann im Jahr 1961. Daran erinnere ich mich noch lebhaft. Als sie ihre Berichte 1963 als Buch veröffentlichte, gab sie ihm den Untertitel: ‚Von der Banalität des Bösen'. Aufgrund dessen wurde Hannah Arendt missverstanden und angefeindet: sie verharmlose das Böse als banal. Dabei wollte sie ganz im Gegenteil darauf aufmerksam machen, wie gerade jeder Mensch dem Bösen verfallen kann, wenn er sein eigenes Denken, Wollen und Handeln vollends in den Dienst des Denkens, Wollens und Handelns anderer stellt, wenn er sich zum willenlosen Werkzeug anderer machen lässt - und dabei eine im wahrsten Sinn des Wortes ungeheure Willenskraft an den Tag legt. Solche Menschen sind aber keine Monster, sondern Menschen wie „ich und du"; Eichmann war ja ein höchst penibler und akkurater Mensch. Die „Normalen", die „Spießer" sind gerade das Bedrohliche, Unheimliche. Deshalb müssen Philosophie und Politik wieder für die Selbstständigkeit, Urteilskraft, Verantwortungsfähigkeit und in diesem wahren Sinn Handlungsfähigkeit aller Menschen sorgen. Und nur so, füge ich hinzu, handeln wir ohne Ansehen der Person, weil wir ausgehen von dem Ansehen bei Gott, das jede Person um Christi willen immer schon hat.

Von der zweiten Erkenntnis, die ich Hannah Arendt verdanke, möchte ich mich bei ihr geradezu bedanken. Als mir das Warum und Wozu von Vergebung, die doch die Mitte der christlichen Botschaft ist, aus dem Blick geriet, stieß ich wieder auf einen Text von Hannah Arendt. Noch einmal gebe ich nur den Grundgedanken mit eigenen Worten wieder: Was geschehen ist, bleibt geschehen. Niemand kann es rückgängig machen. Selbst durch Vergebung kann es nicht ungeschehen gemacht werden. In der Vergebung aber hält das Vergangene uns Menschen nicht mehr fest, sind wir nicht unverrückbar festgenagelt auf frühere Taten, Untaten oder Unterlassungen. Vergebung bewirkt, wie eine Geburt, einen Neuanfang, durch sie gewinnen wir neue Handlungsfähigkeit. Vergebung ändert die Wirkrichtung des Vergangenen, das ansonsten, weil einmal geschehen, nie vergeht. Von dieser Einsicht her habe ich wieder Zugang gefunden - zum Beispiel zu der Vaterunser-Bitte, die uns ja ins Zentrum unseres christlichen Menschenbildes führt: *...und vergib uns unsere Schuld, wie auch wir vergeben unsern Schuldigern.* Uns wird vergeben nach dem Maß, nach dem wir vergeben. Die Kraft dazu aber bekommen wir von Gott, der uns seine Vergebung in Jesus Christus zuteil werden lässt. Ihr dürfen wir uns anvertrauen. Wir vertrauen uns damit einer Macht an, die jene Ohnmacht aufhebt, in die wir uns im Streben nach Übermacht über andere immer wieder selbst manövrieren. In dieser Ohnmacht ist alle unsere Macht untergegangen, die wir benötigen, anderen zu vergeben oder sie um Vergebung zu bitten. Vertrauen wir uns jedoch der Vergebungsmacht Gottes an, lassen wir uns vergeben und vergeben wir selbst, kehrt - in Worten von Hannah Arendt ausgedrückt - im qualifizierten Handeln unser wahres Menschsein zurück.

Sicher haben Sie, das will ich am Schluss noch anmerken, meine persönliche Sympathie für Hannah Arendts Denkstil, für ihr „Denken vom Rand her“, bemerkt. Den Historikern war sie zu philosophisch, den Soziologen beachtete sie zu wenig die Faktenlage, den Philosophen war sie zu politisch. Doch gerade deshalb, derart „zwischen allen Stühlen“, verdanken wir Hannah Arendt unverzichtbare Einsichten, durch die sich zentrale Aussagen der biblischen Botschaft noch einmal neu verstehen lassen.

* * *

Das Neue Jerusalem - die Stadt auf dem Berge[1]

Wenn ich dich je vergesse, Jerusalem,
dann soll mir die rechte Hand verdorren.
Die Zunge soll mir am Gaumen kleben,
wenn ich an dich nicht mehr denke,
wenn ich Jerusalem nicht zu
meiner höchsten Freude erhebe.
(Psalm 137,5+6)

„Jerusalem - Stadt auf dem Berge". Johann Gottfried Herder hat die Vision der „Stadt auf dem Berge" eine „Vision für alle Herzen und Zeiten" genannt.[2] In der Tat: Allein schon der Stadtname „Jerusalem" führt uns ins Zentrum unserer Erinnerungskultur. Er erschließt eine Fülle von Bedeutungsräumen. Auf alten Weltkarten - wie im Kloster Ebstorf - erkennen wir Jerusalem als geopolitischen Mittelpunkt. Bis heute ist „Jerusalem" geradezu Prisma und Fokus für Literatur und Architektur, bildende Kunst und Musik des Mittelmeerraums und Europas.

---

[1] Diesen biblisch-thematischen Vortrag zu Offenbarung 21 und 22 habe ich im Rahmen des in der Ev.-luth. Landeskirche Hannovers parallel in zwölf Kirchen (eine davon war das Ev. Kirchenzentrum Kronsberg in Hannover) mit den Werken von Joseph Semah veranstalteten Kunstprojekts NEXT YEAR IN JERUSALEM - „L'schanah haba'ah bejruschalajim" an verschiedenen Orten gehalten, zuerst in der Alten Synagoge in Celle am 2. Mai 2007. Dort sprechen gedurft zu haben, empfinde ich als eine besondere Ehre und Verpflichtung, die mich zugleich mit tiefer Dankbarkeit erfüllt.

[2] Zusammenstellungen, Einführungen und Übersichten siehe u. a. bei Wolfgang Bretschneider: Die Stille der himmlischen Stadt. Zu Olivier Messiaens „Quartett für das Ende der Zeit", in: Michael N. Ebertz / Reinhold Zwick (Hg.): Jüngste Tage. Die Gegenwart der Apokalyptik, Freiburg u. a. 1999, S. 150-160; Charles Brütsch: Die Offenbarung Jesu Christi. Johannes-Apokalypse 3: Kapitel 21 und 22. Anhang XII, Zürich 1970[2], S. 295-302; Bianca Kühnel (Ed.): The Real And Ideal Jerusalem in Jewish, Christian and Islamic Art, Jerusalem 1998; Frits van der Meer: Apokalypse. Die Visionen des Johannes in der europäischen Kunst, Freiburg u. a. 1978; Rita Müller-Fieberg: Das „neue Jerusalem". Vision für alle Herzen und alle Zeiten?, Bonner Biblische Beiträge 144, Berlin/Wien 2003, S. 283-366 (dort auch eine Fülle weiterer Literatur [auch die wichtigen ev. Kommentare von Eduard Lohse, Jürgen Roloff, Otto Böcher] sowie die von mir für Off 21+22 benutzte Übersetzung); Gertrud Schiller (Hg.): Ikonographie der christlichen Kunst, Band 5: Die Apokalypse des Johannes. Bildteil, Gütersloh 1991; Angelika Vogt (Hg.): Goldene Mauern und enge Gassen, Gerlingen 2000; zur Spiegelung der mit Jerusalem verbundenen Visionen in der europäischen Stadtkultur vgl. v. a. Paul Badde: Die himmlische Stadt. Der abendländische Traum von der gerechten Gesellschaft, München 1999. Zur älteren Geschichte Jerusalems siehe Eckart Otto: Jerusalem - die Geschichte der Heiligen Stadt. Von den Anfängen bis zur Kreuzfahrerzeit, Stuttgart et. al. 1980. Empfehlenswert ist auch Gernot Jonas (Hg.): Jerusalem zwischen Traum und Wirklichkeit. Ein Lernprojekt für Christen und Christinnen über das Judentum, zusammengestellt von Yehuda Aschkenazy u. a., KLAK-Impulse 3 (Erev-Rav-Verlag), Wittingen 2006.

Deshalb gehe ich in einem 1. Teil zunächst, wenn auch nur kurz, auf die reale Stadt Jerusalem ein, wende mich im Hauptteil dem „Neuen Jerusalem" nach Offenbarung 21 und 22 zu und beschließe in einem 3. Teil diesen biblisch-thematischen Vortrag mit einer Reflektion zur Bedeutung biblischer Visionen für unsere heutige Zeit.

I. „Ich suche allerlanden eine Stadt..."

Mit diesen Worten beginnt Else Lasker-Schüler ein Gedicht mit dem Titel „Gebet"[1]:

Ich suche allerlanden eine Stadt, / Die einen Engel an der Pforte hat. / Ich trage seinen großen Flügel / Gebrochen schwer am Schulterblatt / Und in der Stirne seinen Stern als Siegel.

Und wandle immer in die Nacht... / Ich habe Liebe in die Welt gebracht, / Dass blau zu blühen jedes Herz vermag, / Und hab ein Leben müde mich gewacht, / In Gott gehüllt den dunklen Atemschlag.

O Gott, schließ um mich Deinen Mantel fest. / Ich weiß, ich bin im Kugelglas der Rest, / Und wenn der letzte Mensch die Welt vergießt, / Du mich nicht wieder aus der Allmacht lässt, / Und sich ein neuer Erdball um mich schließt.

Ist Jerusalem, gebaut aus Licht, Steinen und Worten, diese Stadt? Das Urbild aller Städte gestern, heute und morgen? Und wird sie dereinst, nachdem der letzte Mensch die Welt vergossen hat, auf neue(m) Erdball der Raum sein, in dem Gott die Menschheit nie wieder aus der Allmacht lässt?

Diese Stadt wie *jede* andere ist eine Stadt wie *keine* andere. Keine Stadt ist so zum Symbol der Stadt überhaupt geworden wie Jerusalem, in religiöser Hinsicht für Judentum, Christentum und Islam als „heilige Stadt", in profaner Hinsicht, verschmolzen mit Platons Utopia, als „ideale Stadt".[2] Doch der Engel an Jerusalems Pforte ... ist gebrochen schwer am Schulterblatt.[3]

Der älteste, kanaanäische Name könnte >Ur-us(ch)alim(um)< gewesen sein: >Gründung des (Gottes) Salem< oder >Gründung des Friedens< bzw. des >Gedeihens<. Diese kleine jebusitische Bergstadt abseits der eigentlichen Verkehrs- und Handelswege macht David vor etwa 3.000 Jahren zur gemeinsamen Hauptstadt für die Landesteile

---

[1] Else Lasker-Schüler: Sämtliche Gedichte, hg. v. Karl Jürgen Skrodzki, Frankfurt/M. 2004, S. 298; sie lebte von 1939 bis zu ihrem Tod 1945 in Jerusalem und schrieb mehrere „Jerusalem"-Gedichte.

[2] Vgl. Ruth Eaton: Die ideale Stadt. Von der Antike bis zur Gegenwart, Berlin 2001

[3] Paul Badde: Jerusalem, Jerusalem, Kisslegg 2006 (1997), S. 9: „Von der Bronzezeit bis zu den Blutbädern der jüngsten Tage hat die ‚Stadt des Friedens' mehr Kriege und Gemetzel erlebt als jede andere Stadt der Erde." - Von welcher Stadt, vielleicht außer dem nordirischen Belfast, müsste ein Dichter wie Paul Celan in seiner leisen Art, doch wie „Steine in der Mauer ... schreien(d)" (nach Hab 2,11) Zeilen wie diese schreiben: „sag, dass Jerusalem i s t, / sag's, als wäre ich dieses / dein Weiß, / als wärst du / meins, / als könnten wir ohne uns sein, / ich blättre dich auf, für immer, / du betest, du bettest / uns frei"?! Zitiert aus „Die Pole" von Paul Celan: Zeitgehöft. Späte Gedichte aus dem Nachlass, Frankfurt/M. 1996[3]; S. 43.

Israel und Juda[1], Salomo lässt den Tempel bauen und Josia konzentriert in einer Kultreform Religion und Politik ganz auf den mosaischen Monotheismus.

Was dann in einer Kette von Fremdherrschaft geschah, setze ich als bekannt voraus. Jill und Leon Uris beschreiben es so:[2] „Jerusalem musste die Heerscharen von sechsunddreißig Kriegen erdulden. Siebzehnmal lag es in Schutt und Asche. Achtzehnmal ist es wiedererstanden. Blut und Martyrium haben es geweiht. Es erzitterte vom Hufschlag assyrischer Streitwagenrosse, erbebte unter den Wurfmaschinen der Römer, bekam das Sausen der Säbel des Saladin, die klirrenden Panzer der Kreuzritter zu hören - wie auch die Feuerstöße israelischer Fallschirmjäger. Es hat mehr Leidenschaft und Liebe und mehr Barbarei mit angesehen als irgendein anderer Ort auf der Welt."

Wen wundert es, dass Jerusalem zur „Hauptstadt der Erinnerung"[3] geworden ist?! Jeder Stein ist ein Dominostein in einer jahrtausendelangen Konfliktkette. Jerusalem, der Augapfel Gottes, ist ein ständiger Zankapfel der Menschen. Doch gerade deshalb hat Jerusalem, auf eine dialektische Weise, bestimmenden Einfluss gewonnen. Auch unter fremdem Himmel endet kein Pessach und kein Jom Kippur ohne den Zuruf: „Nächstes Jahr in Jerusalem". Und dreimal am Tag wird Jerusalem ins jüdische Gebet genommen und sein Wiederaufbau erfleht.[4] Und es sei auch der Christen Verpflichtung, was in Psalm 122,6f so eindringlich durch die Jahrtausende klingt:

Erbittet für Jerusalem Frieden! / Wer dich liebt, sei in dir geborgen. / Friede wohne in deinen Mauern, / in den Häusern Geborgenheit.

---

[1] 2. Samuel 5,6-9; zum Tempelbau durch Salomo: 1. Könige 6+8. - Mit Jerusalem verbinden sich einige Erzählungen bzw. Legenden: Hier soll Noahs Arche wieder trockenes Land gefunden haben. Hier soll der Morija-Berg liegen, auf dem Abraham, inzwischen im verheißenen Land heimisch geworden, seinen Sohn Isaak (Jitzchak) zu Opfern bereit gewesen war. Aber Gott gab einen Widder, um im Tieropfer das Menschenopfer ein für allemal überflüssig zu machen.

[2] Jill und Leon Uris: Jerusalem, du Hochgebaute, in: Angelika Vogt (Hg.): a. a. O., S. 11-15.

[3] So Amos Elon: Jerusalem - Innenansichten einer Spiegelstadt, Reinbek 1990 (engl. 1989: Jerusalem. City of Mirrors), S. 56. In diesen Zusammenhang stelle ich einen Aspekt, der dargelegt wird von dem in Jerusalem lebenden Begründer der modernen hebräischen Poesie Jehuda Amichai: Gei-ben-Hinnom, in Angelika Vogt (Hg.): a. a. O., S. 222: „In einer Stadt, in der Vergangenheit und Gegenwart dauernd zusammenleben, ist die Grenze zwischen Lebenden und Toten sehr dünn. Manchmal habe ich den Eindruck, dass Jerusalem die einzige Stadt in der Welt ist, in der selbst die Toten Stimmrecht haben."

[4] „Über Jerusalem, die Gottesstadt, möge dein Erbarmen walten, und deine Herrlichkeit darin, wie du es uns hast verheißen. Erbaue sie nächstens und in unsern Tagen, erbaue sie für die Ewigkeit, und richte in ihr bald wieder auf den Thron, auf dem einst David saß...!" - Weitere Gebets-, Lied- und Gedichttexte bei Ulrike Berger et. al. (Hg.): a. a. O., S. 14+58-67.

Im Blick auf die Prophetenworte, die Völker werden einst nach Jerusalem kommen, um das Kriegshandwerk zu verlernen[1], könnte man sagen: Viele Völker - Nationen, Religionen, Konfessionen - sind längst da. Nur der große Schalom lässt noch auf sich warten.[2]

Diesen Abschnitt schließe ich mit einem Zitat aus dem neusten, 1.266 Seiten starken Werk über Geschichte und Gegenwart Jerusalems von Max Küchler:[3]

„Jerusalem ist eine Stadt, mit der niemand zu Rande kommt. Setzt man einen Fuß auf ihren Boden, verspürt man die Vibrationen zahlloser heroischer Anfänge und dramatischer Tode. Sucht man nach ihrer Religion, wird man von ihren monotheistischen Gottheiten geradezu angefallen. Fragt man nach ihrer Geschichte, so trifft man die Jahrtausende, durch die man sich hindurcharbeiten muss, heute noch in ihren religiösen Ansprüchen unvermindert an: Die Moschee und der Felsendom der Kalifen stehen auf jener Esplanade, welche die Christen und Römer ein halbes Jahrtausend lang als Zeichen ihres militärischen und religiösen Sieges über die Juden verwildern ließen, die zuvor ein Jahrtausend lang den jüdischen und israelitischen Tempel trug, dem der alte kanaanäische Kult der Bewohner von >Urusalimum< wesentliche Elemente vermittelt hatte. Schofarklang, Glockengeläut und Muezzingesang bilden so die dreifach monotheistische Melodie dieser Stadt, über deren guten und bösen Kindern stets wieder die Sonne Kanaans aufgeht! - Die Faszination Jerusalems besteht darin, dass sie Jungfrau, Dirne und Mutter zugleich ist. Sie gehört keinem und allen und gebiert ununterbrochen jene Kinderscharen, die sich ihr Erbe streitig machen und gerade darin ihre schicksalhafte Verwandtschaft bezeugen. - Erst wenn die Kinder dieser Stadt ... den Reichtum ihrer Traditionen teilen ..., kann Jerusalem eine reife METROPOLIS, eine >Mutterstadt< sein, deren ... Verehrer auch Liebhaber sind und deren Vergangenheit nicht ohne Zukunft ist.“

II. „Jerusalem, die Stadt auf dem Berge“

Als METROPOLIS, als Mutter-, ja, als Weltstadt, die die Welt *ist*, stellt die Johannes-Offenbarung in den Kapiteln 21 und 22 das Neue Jerusalem dar: die himmlische Stadt, die auf die Erde gekommen ist und nun die ganze Erde erfüllt.

Doch woher nimmt ein Mensch die Farben und Formen für ein derart grandioses Gemälde? Die Johannes-Offenbarung gehört zur Literaturgattung der >Apokalyptik<. Das Wort >Apokalyptik< bedeutet weder >Weltuntergang< noch >Katastrophe<, son-

---

[1] „Schwerter zu Pflugscharen“: Jesaja 2,1-5; Micha 4,1-5 - umgekehrt Joel 4,10.

[2] Nach Paul Badde: a. a. O., S. 11.

[3] Max Küchler im Vorwort seines o. g. Buches.

dern >Enthüllung<, >Aufdeckung<, >Aufklärung<, >Entbergung<.[1] (Ein Einschub zum Stichwort: >Weltuntergang / Weltende“: Seit so etwas wie das „Ende der Welt“ - z. B. durch Einsatz von Atombomben - vorstellbar geworden ist, ist es nicht mehr vorstellbar, sondern nur noch zu verhindern!) Selbst in der Form der Verhüllung soll die wahre Wirklichkeit ungeschminkt ans Licht gebracht werden. Wer die Realität wahrnehmen will, muss ihre Mythen entlarven. So deckt Apokalyptik Unrecht, Ungerechtigkeit und Gewalt auf. Sie klärt, auch wenn sie Namen verschlüsselt, darüber auf, wer zu den Tätern und wer zu den Opfern gehört, damit die Täter nicht länger über die Opfer triumphieren. Keine subversive Negation, sondern eine befreiungstheologische, real-utopische Position!

In diesem Sinn wird Apokalyptik geboren im Schrei nach Freiheit und Gerechtigkeit, der in der Vision einer ganz neuen ‚Herrschaft’, die alle Herrschaft aufhebt, gipfelt. Genau diesen prophetischen Pro-Test erhebt der Seher Johannes, deswegen auf die Insel Patmos verbannt, gegen Ende des 1. Jahrhunderts n. Chr. gegenüber dem Herrschaftssystem zur Zeit des römischen Kaisers Domitian.

Schon in den jüdischen Daniel-, Esra- und Baruch-Apokalypsen[2] hat sich der prophetische Pro-Test für die Armen und Ausgeschlossenen einen neuen Code geschaffen, der signalisiert, was und wer den gegenwärtigen Herrschaftsverhältnissen das Recht entzieht, was und wer der Katastrophe des „Immer weiter so“ ein Ende setzt. Deshalb die Rede vom Gericht, von der klaren Alternative zwischen der Menschenherrschaft, die zum Tod führt, und der Gottesherrschaft, die Leben - neues Leben - erschließt. Deshalb setzen die Apokalyptiker zuallererst darauf, dass Gott trotz Verborgenheit und scheinbarer Ohnmacht am Ende doch Seine Macht offenbart und im Ende ein neuer Anfang beschlossen ist.

Apokalypse ist Vision der Bedrängten und Bedrückten und kein Traum der Besitzenden von noch mehr Reichtum und Größe! Sie ist überhaupt nichts Erträumtes oder Erfundenes, sondern etwas Gefundenes. Der Seher Johannes auf Patmos ist kein verzückter Visionär, sondern ein Mensch, der sich über alte Schriften beugt. Er

---

[1] Im Folgenden verbinde ich die Ansätze von Jürgen Ebach: Apokalypse. Zum Ursprung einer Stimmung: in: Friedrich-Wilhelm Marquardt et. al. (Hg.): Einwürfe 2, München 1985, S. 5-61, mit Elisabeth Schüssler-Fiorenza: Das Buch der Offenbarung. Vision einer gerechteren Welt, Stuttgart et. al. 1994, S. 138 und v. a. Pablo Richard: Apokalypse. Das Buch von Hoffnung und Widerstand. Ein Kommentar, Luzern 1996, bes. S. 42-58.

[2] Vgl. - wenn auch mit anderer als der von mir aufgenommenen These hinsichtlich des Ursprungs der Apokalypsen - Hartmut Stegemann: Jüdische Apokalyptik. Anfang und ursprüngliche Bedeutung, in: Michael N. Ebertz / Reinhold Zwick (Hg.): Jüngste Tage, S. 30-49, u. a. zum Daniel-Buch (Dan 7-12), zu ApokEsra (4. Esra 3-14), zum Jubiläen-Buch (Jub 2-50), zum „angelologischen“ und „astronomischen“ Henoch-Buch (äthHen1-36 und äthHen 72-82), zu syrApokBaruch.

sieht, was er liest - und gestaltet daraus eine Collage, ein großes Mosaik[1] namentlich aus den prophetischen Verheißungen in Jesaja 65, Ezechiel 40 bis 48 und Sacharja 12 und 13; dazu liest er die Schöpfungsgeschichte 1. Mose 2, also einen Ursprungs- als Zukunftstext, als „erinnerte Zukunft". Gleichzeitig verwendet er die auf Platon zurückgehenden Stadtutopien der hellenistischen Welt.[2]

Aufgrund sorgfältiger Bibellektüre also stellt sich dem Autor der Johannes-Offenbarung das Neue Jerusalem vor Augen. Dieses Bild soll nun, mit besonderer Beleuchtung einiger wichtiger Stellen, auch vor unseren Augen erstehen.

Johannes erblickt einen neuen Himmel und eine neue Erde (21,1a). Diese sind weder eine Extrapolation des Fortschritts noch eine Perfektionierung des Alten, sondern eine radikale Neuschöpfung.[3] Himmel und Erde stehen hier zwar zunächst für den Kosmos, die Welt als Ganzes. Aber sie sind doch etwas ganz Anderes. Sie sind befreit von allem, was das Leben gefährdet: den kosmischen Chaos- wie den politischen Herrschaftsmächten. Denn das Meer ist nicht mehr (21,1c).

Eine Erde - und sei es eine neue - ohne Meer: Können wir uns die vorstellen? Sicher nicht. Doch in der Bibel gilt das Meer als alter Rest der Urflut, die Gott nicht erschaffen, sondern nur begrenzt hatte und die grundsätzlich bedrohlich blieb. Für den Seher Johannes bedrohlich war das Meer vor allem als Weg der Eroberer und Ausbeuter! Denn über das Meer wurden die römischen Heere in die Provinzen hinein und die Reichtümer aus den Provinzen heraus gebracht. Diese Vision kennt also keinen Ort mehr für kosmische Chaosmächte und politische Gewaltmechanismen, die Abgründe offenbaren. Darin ist sie eine mytho-politische Aussage in realer Herrschaftskritik. Weil aber Herrschaft total(itär) sein kann, *muss* der Blick aufs Ganze gehen: auf Himmel *und* Erde, auf Erde *und* Himmel.[4]

Der neue Himmel und die neue Erde stellen sich als konkrete Stadt dar: Und die heilige Stadt, das neue Jerusalem, sah ich herabkommen aus dem Himmel von Gott (21,2ab). Johannes sieht also den neuen Himmel sich ausbreiten als neue Erde! „Das neue Jerusalem des Johannes ... ist als Ganzes Himmel, aber es ist offener Himmel,

---

[1] Elisabeth Schüssler-Fiorenza spricht von „sandwich"-Technik, a. a. O., S. 131. Als „Referenzstellen" seien v. a. genannt: Jes 25; 35; 44; 54; 61; 62; 65, Ez 37-48 („Verfassungsentwurf"), Sach 12; 13.

[2] Siehe Dieter Georgi: Die Visionen vom himmlischen Jerusalem in Apk 21 und 22, in: Dieter Lührmann / Georg Strecker (Hg.): Kirche. FS Günther Bornkamm zum 75. Geburtstag, Tübingen 1980, S. 351-372

[3] Vgl. Jürgen Ebach: Neuer Himmel, neue Erde. Bibelarbeit über Offenbarung 21,1-7, in: ders.: „...und behutsam mitgehen mit deinem Gott" - Theologische Reden 3, Bochum 1995, S. 132-141, sowie ders.: Die Utopie hat einen Ort. Bibelarbeit über Jesaja 65,17-25, in: ders.: Vielfalt ohne Beliebigkeit - Theologische Reden 5, Bochum 2002, S. 34-56.

[4] Dazu weitergehend im Blick auf Jes 65 Jürgen Ebach: Die Utopie..., S. 47f.

der Himmel auf der Erde, Himmel und Erde in einem. ... Die neue Erde hat den neuen Himmel aufgesogen."[1]

So wenig sie Menschenwerk, sondern Gottes Werk ist, offenbaren sich in dieser Stadt doch die ur-menschlichsten Beziehungen. In einem harten Bildwechsel nimmt der Seher Johannes das alte Motiv der Ehe- und Liebesbeziehung zwischen Gott und Seinem Volk auf: die heilige Stadt, das neue Jerusalem ist bereitet wie eine Braut, geschmückt für ihren Mann (21,2c). Nirgendwo anders als in der Liebe kommen Göttliches und Menschliches wirklich zusammen! So ist das Neue Jerusalem der Ort des vollendeten Zusammenseins von Gott und Menschen.

Das Motiv des Zusammenseins Gottes mit den Menschen wird nun in Bildern entfaltet, die eine ungeteilte persönliche Nähe ausdrücken: Gott wohn(t) mit den Menschen (21,3bc), wisch(t) ab jede Träne aus ihren Augen (21,4a), entmächtigt den Tod als letzte kosmische und politische Chaos- und Gewaltmacht (21,4b) und nimmt damit den Grund für Leid und Geschrei und Schmerzen (21,4c).[2]

Will Gott etwa Tränen und Leid, Geschrei und Schmerzen nicht aushalten? Im Gegenteil. Hier wird gedacht bzw. gesehen, wofür man in Anbetracht von Gewaltverhältnissen einzig eintreten kann: für ihren unmittelbaren und endgültigen Abbruch. Und im später folgenden Bild vom Lamm (21,9b u. ö.) ist es ja gerade Jesus Christus, in dem nach christlichem Verständnis Gott selbst die tiefsten Abgründe menschlichen Daseins ausgehalten und ertragen hat. Im Lamm stehen die Gedemütigten und Gepeinigten ganz in der Nähe Gottes und Gott zu ihnen.

Es folgt ein weiteres Bild der Gottesnähe: Gott lässt den Dürstenden aus der Quelle des Wassers des Lebens umsonst (21,6d) trinken. Denn wo Gott das Alpha und das Omega, der Anfang und das Ende (21,6c), also alles in allem und das Siehe, ich mache alles neu! (21,5b) Wirklichkeit geworden ist, ist auch den ökonomischen Zwangsverhältnissen, sowohl Ausdruck als auch Ursache der allermeisten Herrschafts- und Gewaltstrukturen, ein Ende bereitet. Wo Gott regiert, hat der Markt seine Funktion verloren.

Gerade an dieser, wie alle Lebenserfahrung zeigt, sensibelsten und brisantesten, das Wirtschaftsleben und damit die Gerechtigkeit am meisten berührenden Stelle steht ein sog. „prophetisches Perfekt", zwischen den eben gehörten und den jetzt zu verkündigenden Worten: sie *sind* geschehen (21,6b). Offenkundig handelt es sich um etwas derart Grundlegendes und Notwendiges, dass es als bereits geschehen, als vom

---

[1] Dieter Georgi: a. a. O., S. 363+366

[2] Damit geht der Seher Johannes über seinen Leittext aus Jesaja 65 hinaus: Bei Jesaja ist das nicht zu Ende gelebte Leben verbannt, bei Johannes ist der Tod als solcher abgeschafft.

Grund des Lebens her Unaufgeb- und Unverzichtbares wahrgenommen wird: der freie Zugang zu den Lebensmitteln und der Lebensmitte!

Mit seinem sie *sind* geschehen zeigt sich der Seher Johannes zumal als Seelsorger. Er will die Zuversicht schaffen, dass die Mächte, die uns Menschen in den Bann schlagen und den Atem rauben, bei Gott schon entmächtigt sind.

Bei alledem geht es weder um ein bestimmtes Volk noch um Anhänger einer bestimmten Religion, sondern ausnahmslos um alle: alle Menschen sind erwählt und geliebt (21,3de). Das alles, so wird mehrfach betont, wird dem Seher mitgeteilt (21,3+9), er bekommt es von einer Stimme zu hören bzw. einem Engel gesagt, schöpft die Wahrheit dieser Vision also aus einer anderen Quelle als seinem eigenen Herzen.

Nun zum Bild des Neuen Jerusalem selbst.[1] Es ist wichtig, dass die Stadt zuerst als Stätte wirklicher Gottesnähe und damit wahrer Humanität geschildert wird. Denn das Stadt-Bild könnte sonst auf die kalte Pracht technischer Perfektion heruntergekühlt werden. Es wird jedoch auch in den folgenden Versen immer wieder durch Bilder der Nähe durchbrochen, insbesondere im Bild von Braut und Lamm.

Gleichwohl: Das Neue Jerusalem ist eine Stadt! Damit ist sie auch ein technisches Symbol. In ihr verbinden sich, den Traum der Moderne vorwegnehmend, Urbanität und Humanität. Das Symbol „Jerusalem als Stadt“ steht für gelingende soziale Beziehungen und Kultur, die ihre Kraftquelle im Kultus hat. Wie das Neue Jerusalem im Doppelbild der Stadt und der Braut erscheint, so werden stets die beiden Dimensionen der Geschichte in den Blick genommen: die Natur und die Technik, die Menschheit und der Kosmos. Es gibt eben kein Leben und keine Zukunft jenseits des Kosmos, der Natur, wie „Seele“ und „Geist“ des Menschen nie ohne seinen „Leib“ bestehen (und auferstehen können).[2] Zukunft wird es auch kaum ohne Technik geben.

Wie beim Propheten Ezechiel (43,2) der Tempel, so ist in der Johannes-Offenbarung die Stadt der Sitz der göttlichen >Kabod< (21,11): Gottes Gegenwart ist beschrieben als Lichtwirklichkeit des Neuen Jerusalem (21,23f; 22,5). Um dieser Lichtwirklichkeit ansichtig zu werden, wird der Seher im Geist aus den dunklen Tiefen (ich deute einmal sehr frei:) seines Selbst hinaufgeführt auf einen Berg (21,10), in der Tradition stets Offenbarungs- und damit Erkenntnisort. Nun sieht er auch, wie Gottes Glanz im Neuen Jerusalem allgegenwärtig ist. Ich bin versucht zu sagen: Das Neue Jerusalem

---

[1] Im Folgenden orientiere ich mich an Pablo Richard: a. a. O., S. 236f, und Dieter Georgi: a. a. O.

[2] Im christlichen Verständnis gibt es keine Auferstehung vom Leib und von der Erde, sondern nur mit dem Leib und mit der Erde. Vgl. Jürgen Moltmann: Im Ende - der Anfang. Eine kleine Hoffnungslehre, München 2004², bes. S. 168-182. Allgemein zu den Jenseitsvorstellungen siehe z. B. Bernhard Lang / Colleen MacDannel: Der Himmel. Eine Kulturgeschichte des ewigen Lebens, Frankfurt/M. / Leipzig 1996.

ist dieser Glanz. Dafür stehen auch die 12 Grundsteine der Stadt aus kostbaren Kristallen und ihre 12 Tore jeweils aus einer einzigen Perle. Darüber hinaus ist die Straße der Stadt ... reines Gold, wie durchscheinendes Glas (21,19-21).[1] Dabei ist Gold, das es aus dem Gestein heraus- und dann verschmolzen werden muss, in erster Linie ein Bild für Läuterung. Folglich geht es hier weniger um Prachtentfaltung als um Durchsichtigkeit und Klarheit, Helligkeit und Heiligkeit[2]. Und eben diese Art - gleichsam geläuterter - Glanz erfüllt nun den gesamten Erdkreis. Wenn wir das Wort >Kabod< auf seine ursprüngliche Bedeutung „Schwere / Gewicht" zurückführen, dann erhält durch und in dem Neuen Jerusalem der gesamte Erdkreis mit allem, was auf ihm lebt, „Gewicht": niemand und nichts bleibt „unwichtig".

Ja, das Neue Jerusalem erfüllt die ganze Erde mit Gottesglanz, hat es doch, was die Zahlenangabe 12.000 Stadien besagt, die Ausmaße des Erdkreises. Man hat das auf etwa 2.400 km umgerechnet, gemeint ist eigentlich der Raum, den Alexander der Große erobert hat und der nun die hellenistische Welt darstellt. Dabei hat der Seher als geometrische Formen das Quadrat und den Kubus vor Augen, in der Antike die mathematische Definition für Harmonie und Vollkommenheit.

Eine große Diskrepanz besteht aber zwischen der Größe der Stadt und der Höhe der Mauer, die nur 144 Ellen, also 66 Meter misst, immerhin die Größe eines Engels (22,17b). Zum Verständnis ist zu beachten: In die 12 Tore sind die Namen der 12 Stämme Israels eingemeißelt (7,1-8), und die Mauern ruhen auf 12 Grundsteinen, die die Namen der 12 Apostel tragen: Das ganze jüdische Volk und die ganze Christenheit werden hier sowohl in ihrem Unterschied als auch in ihrer Verbindung zusammengesehen.

Im Blick auf die Diskrepanz zwischen Stadtausdehnung und Mauerhöhe ist gleichzeitig festzuhalten: Die universale kosmische Errettung der Welt in ihrer Neuschöpfung übersteigt bei weitem Judentum und Christentum. Wie die Tore der Stadt Tag und Nacht offen stehen (21,25), werden alle Völker, einschließlich ihrer Könige, am Leben im Neuen Jerusalem teilhaben: sie alle werden wandeln ... durch ihr (der Stadt) Licht, und die Könige der Erde tragen ihre Herrlichkeit in sie (21,24). Und wenn nun die Könige ... *ihre* Herrlichkeit in die Stadt tragen, gibt kein Volk seine Eigenart und Besonderheit auf, sondern stellt sie in den Dienst des Ganzen. Im Neuen Jerusalem verwirklicht sich die Gemeinschaft derer, die ihr Anderssein gegenseitig anerkennen, was die Grundlage aller Demokratie ist.

---

1 Dazu das Lied von Noemi Shemer aus dem Jahr 1967: „Jeruschalajim, shel sahaw / Jerusalem, Stadt von Gold" - Text bei Ulrike Berger et. al. (Hg.): a. a. O., S. 66

2 Bei Rita Müller-Fieberg, a. a. O., jeweils zur Stelle, finden sich die entsprechenden Erläuterungen auf dem Hintergrund der „Leittexte und -bilder" in der Hebräischen Bibel.

Gleicherweise zielt alles auf die Teilhabe aller an der Lebensgabe und den Lebensgaben. Wo Menschen anderen Menschen diese Teilhabe verwehren, bleiben erstere im Dunkeln, gleichsam im Schatten ihrer selbst. Hier erblickt der Seher Johannes ein scharfes Geschiedensein (21,27). Doch eigentlich hat die Welt des Dunklen überhaupt keinen Platz in der neuen Stadt, weil alles vom Licht angezogen wird. Unzweifelhaft ist das Neue Jerusalem das radikale Gegenbild zu Babylon bzw. Rom (Off 17+18).[1] Hier spricht sich der prophetische Protest der Gedemütigten aus, wenn Babylon als Hure, das Neue Jerusalem dagegen als Braut dargestellt wird, wenn Babylon sich mit dem Blut der Heiligen und Märtyrer besäuft, im Neuen Jerusalem dagegen Gewalttäter und Götzendiener außen vor bleiben.

Bei diesem Reinigungsakt handelt es sich keinesfalls um eine Ausgrenzung oder gar Ausmerzung durch andere, sondern nur um eine Selbstausgrenzung. Das Buch des Lebens schreibt ausschließlich das Lamm, in dem sich, so das christliche Verständnis des Kreuzestodes Jesu, Gott selbst in unendlicher Liebe hingibt. Ein menschliches Urteil über Völker, Gruppen oder Personen ist ausgeschlossen. Die Tore des Neuen Jerusalem bleiben für allezeit offen! Die Völkerwallfahrt kann stattfinden!

Noch einmal in einem etwas anderen Bild: Das Reich bzw. die Herrschaft Gottes ist in keinem Fall mit der christlichen Kirche gleichzusetzen, es sprengt vielmehr die Grenzen der Kirche auf!

Zwar ist der Thron, der im Zentrum der neuen Stadt Gottes steht, ein Symbol für Souveränität und imperiale Macht. Im Hintergrund steht die alte Idee vom Priesterkönigtum, diese aber ist in eine ganz andere Richtung gewendet. Der Thron ist Gottes und des Lammes (22,1c), andere Throne gibt es nicht. Und von dem Thron als Symbol der ausschließlichen Macht Gottes, die ihre Erfüllung in der Hingabe des Lammes hat und damit die Rechtlosen ins Recht setzt, geht nichts Knechtendes und Entmenschlichendes aus, sondern Leben, Licht, Wohlergehen, Gesundheit und Ewigkeit. „Nicht unterdrückende Herrschaft und Unterwerfung, sondern Leben spendende und Leben erhaltende Macht Gottes kennzeichnen Gottes eschatologische Herrschaft und sein Reich."[2]

Auch jede Form von Priesterherrschaft ist ausgeschlossen. Denn es gibt gar keinen Tempel mehr (21,22). Das Neue Jerusalem *ist* der Tempel - damit der ganze Erdkreis,

---

[1] Rita Müller-Fieberg weist zu Recht mehrfach darauf hin, dass keineswegs alle Christen damals die Einschätzung des Johannes auf Patmos teilten und auch nicht teilen mussten, da die historischen Gegebenheiten auch unter Domitian sehr viel differenzierter und keineswegs in bloßer pauschaler Schwarz-Weiß-Alternative darzustellen und zu bewerten sind; auf diese komplexe historische Problematik kann hier aber nicht eingegangen werden.

[2] Elisabeth Schüssler-Fiorenza: a. a. O., S. 137

samt allen, die darauf wohnen! Die Schechinah („Einwohnung Gottes"), an keinen Ort gebunden, hat nun in allen Straßen und Häusern, auf allen Plätzen und in allen Winkeln Raum gefunden. Sie wandert nicht mehr im Gotteszelt mit, sondern Erde und Himmel *sind* Gottes Zelt. Dennoch kennt die Schechinah keinen Stillstand, weist ihr „Zelten" doch auf die Wüstenwanderung hin.[1] Nun aber führt der Weg, die Bewegung des Lebens nicht mehr durch die Wüste, sondern durch eine Straße von den Ausmaßen eines Platzes: eine Anspielung auf die breite Prozessions- und Hauptstraße der hellenistischen Stadtanlage. Alles ist auf Bewegung und Begegnung, Versammlung und Kommunikation hin angelegt.

Das ist keine Absage an die Tempeltheologie, sondern ihre Radikalisierung, wie auch Paulus den Leib der Christen als Tempel Gottes versteht.[2] In der Vision vom Neuen Jerusalem hat die ganze Stadt ja die Form eines perfekten Würfels, der als solcher wie das Tempelheiligtum gestaltet ist. Deshalb wird sie die „heilige" Stadt genannt, und alle, die sie bewohnen, sind Priesterinnen und Priester, der Zutritt zum Allerheiligsten bleibt nicht auf einen Hohenpriester und das Versöhnungsfest einmal im Jahr beschränkt. Alle trennende Fremdheit entfällt, auch zwischen heilig und profan. Sollten hier die tiefsten Wurzeln liegen für gleiche Rechte und für, kraft des Bestimmtseins durch Gott, Selbstbestimmung?

Jedenfalls symbolisiert das Neue Jerusalem die universale Gemeinde Gottes, das neue Volk, die neue Menschheit, in der sich alle unterscheiden, in der aber kein Mensch mehr vom anderen geschieden ist, in der aus Herren Brüder geworden sind, in der es weder Tempel noch Kirche gibt, in der niemand mehr Mittel, dafür aber alle Mittler sind. Jetzt haben alle Priesterwürde, in aller Antlitz spiegelt sich der Glanz Gottes.

Kann solche Utopie noch überboten werden? Muss uns nicht, wo die Propheten, schon durchaus radikal, noch vom Wiederaufbau sprechen konnten, nach den Katastrophen und Destruktionen einer organisierten Inhumanität unfassbaren Ausmaßes, wie wir sie im 20. Jahrhundert erlebt haben, etwas ganz und gar Neues und Anderes vor Augen gestellt werden?

Das scheint mir auch nötig im Blick auf den Ernst der Lage, wie er sich im vor uns liegenden Jahrhundert z. B. im Klimawandel bei nicht mehr zu leugnender Mitverursachung durch den Menschen abzeichnet. Damit bin ich beim Schluss der Vision vom

---

[1] Siehe die Hinweise auf z. B. Ex 33, Lev 26, Num 11 bei Rita Müller-Fieberg: a. a. O., S. 174f.

[2] Ein Tempel ist schon Jes 62+65 nicht erwähnt, während er Ez 40-48 im Mittelpunkt steht. Zu Paulus siehe 2. Kor 6,16 (bezugnehmend auf Lev 26,11f).

Neuen Jerusalem. Ich halte Kapitel 22 Verse 1 bis 5 für den Höhe- und Zielpunkt der gesamten Vision und zitiere sie deshalb[1]:

[22,1] *Und er zeigte mir einen Strom von Wasser des Lebens, / klar wie Kristall, / hervorgehend aus dem Throne Gottes und des Lammes.*

[2] *In der Mitte ihrer Straße und des Stromes, von hier und von dort, (wachsen) Bäume des Lebens, / zwölf Früchte bringend, / jeden Monat seine Frucht von sich gebend, / und die Blätter der Bäume (dienen) zur Heilung der Völker.*

[3] *Und alle Verfluchung wird nicht mehr sein. / Und der Thron Gottes und des Lammes wird in ihr sein, / und seine Knechte werden ihm dienen,* [4] *und sie werden schauen sein Angesicht, / und sein Name (wird sein) auf ihren Stirnen.*

[5] *Und Nacht wird nicht mehr sein, / und sie bedürfen nicht des Lichtes einer Lampe noch des Sonnenlichts, / denn der HERR, GOTT, wird auf sie leuchten, / und sie werden herrschen in alle Ewigkeit.*

In diesen Versen steht uns ganz deutlich vor Augen, wie Ursprung und Zukunft, wie Herkunft und Hoffnung in der (christlichen) Bibel miteinander verbunden sind. Die Heilige Schrift schließt, womit sie begonnen hat: mit einer Schöpfungsgeschichte. In Offenbarung 21 und 22 tritt das Lebensprojekt Gottes noch einmal, aber radikal neu, unverstellt und ungetrübt ans Licht. Das Neue Jerusalem, die „Stadt als Garten“, ist ein neuer „Garten Eden“. So erfüllt sie das Ideal, das die hellenistischen Städte anstrebten, aber nie verwirklichten: die Versöhnung nicht nur der Menschen, sondern auch der Menschen mit der Natur, angefangen bei der Versöhnung von Stadt und Land.

Soll es wirklich um Versöhnung gehen, muss unweigerlich die Perspektive der Armen und Ausgeschlossenen eingenommen werden. Am Strom des Wassers des Lebens können die Durstigen aus der Lebensquelle trinken, wozu der Prophet aufruft: Auf, ihr Durstigen, kommt alle zum Wasser! Auch wer kein Geld hat, soll kommen. Kauft Getreide und esst, kommt und kauft ohne Geld, kauft Wein und Milch ohne Bezahlung! (Jes 55,1) Die Bezahlung dessen, was zu den elementarsten Lebensbedürfnissen gehört, ist erlassen wie im Erlassjahr die Schuld (3. Mose 25). Zugleich höre ich den Jesus des Johannes-Evangeliums rufen: Wer Durst hat, komme zu mir, und es trinke, wer an mich glaubt! (Joh 7,37) Unter welcher Regierung gäbe es sonst etwas umsonst?!

Die Bibel beginnt mit den Wassern der Urflut - und endet mit den Strömen des Lebens. Die chaotischen Wasser werden zur Lebensader, an denen sich Kultur und Zivilisation, Technik - im Griechischen dasselbe Wort wie Kunst - und Natur gemeinsam

[1] Nach Rita Müller-Fieberg: a. a. O., S. 49, aber mit der Pluralvariante in 22,2 („Bäume“), wie sie Luther 1984 und die Einheitsübersetzung bieten.

entwickeln können, ohne miteinander im Streit zu liegen. Im Tempel ergoss sich das Reinigungswasser vom Altar in die Gemeinde (4. Mose 19f). In der Vision des Ezechiel floss das Lebenswasser aus dem Tempel (Ez 43,7). Im Neuen Jerusalem strömt es unablässig unter dem Thron Gottes und des Lammes hervor (22,1), fließt durch die ganze Stadt und lässt Bäume des Lebens wachsen, die zwölfmal im Jahr Früchte tragen (22,2). Die uneingeschränkte Segensfülle des Kreatürlichen! Wie alles wahrhaft Lebendige hat sie etwas Verschwenderisches und geht über den unmittelbaren Lebensbedarf hinaus. Statt der Natur die Mittel zum Leben mühsam abringen zu müssen und es am Ende doch zu verlieren, haben alle Menschen Zugang zu *allen* Lebenskräften. Diese Lebensmittel sind zugleich Heilmittel, sie stillen den Hunger und bewahren vor dem Tod. Langsam und schmerzlich begreifen wir, wie wichtig gesunde Ernährung und natürliche Heilmittel sind. Welch' ein Licht fällt also von der Zukunft, die ganz bei Gott steht, schon auf unser Leben?!

Im Neuen Jerusalem kehrt die Menschheit zurück zu jenem Baum des Lebens (1. Mose 2,9), den Gott in seinem Lebensprojekt für sie hat wachsen lassen. Als die Menschheit sich für das Todesprojekt entschied, verlor sie den Zugang zu ihm (1. Mose 3,24). Jetzt erscheint der Baum des Lebens wieder, vervielfacht, fruchtbringend und heilend. Jetzt beginnt eine neue Geschichte des Lebensprojektes Gottes für die ganze Menschheit, in ungeschmälerter Teilhabe. Die Blätter dieser Bäume dienen als Medizin zur Heilung der Nationen - zur Heilung auch von der Krankheit der Idolatrie, der Profitsucht, der Geltungsansprüche und der Gewalt.

In der „Stadt als Garten" sind zumal die Folgen menschlicher Fehlhandlungen aufgehoben. Der Bann ist gebrochen, dass jedes Handeln unabsehbare und schwerwiegende Folgen und alles seinen Preis hat. Denn alle Verfluchung wird nicht mehr sein (22,3). Statt des Kainsmals in seiner Mehrdeutigkeit als Fluch- und Schutzzeichen (1. Mose 4) tragen alle Menschen ein eindeutiges Lebenszeichen auf der Stirn: den Namen des Lammes (22,3). Und die Knechte sind längst Befreite und Freie, Töchter und Söhne, Erben (21,7); Knechte werden sie nur genannt, weil in der Gemeinschaft des gegenseitigen Andersseins alle einander dienen.

In dieser Stadt kann auch Abel leben. Denn wo das Lamm allen seinen Namen gibt, werden Städte durch Barmherzigkeit und Gerechtigkeit zusammengehalten. Kain, der Totschläger, und Abel, der „Hauch", sind aufgrund von Liebe, nicht aufgrund ihrer Eigenschaften erwählt. Sie beide haben wieder einen guten Namen, eine ihnen neu verliehene, deshalb unverlierbare Würde.

Ihren Höhepunkt erreicht die Vision vom neuen Himmel und von der neuen Erde, wenn der Seher schauen darf, wie das Licht Gottes die Nacht auf ewig verschwinden lässt und die Bewohner des Neuen Jerusalem weder des Lichts einer Lampe noch des

Sonnenlichts bedürfen (22,5). Hier soll nicht die Nacht zum Tag gemacht werden, wie in modernen neon-erleuchteten Städten oder in Folterkammern, in denen Unschuldige durch ständig brennendes Licht zum Wahnsinn getrieben werden. Es ist eher zu denken an Psalm 139,11+12: Spräche ich, Finsternis möge mich decken und Nacht statt Licht um mich sein -, so wäre auch Finsternis nicht finster bei Dir, und die Nacht leuchtete wie der Tag; Finsternis ist wie das Licht.

Ja, wenn die Sonne nun nicht mehr leuchten muss, bleibt allein die Leuchtkraft, die Energie des Schöpfers selbst, die der Anfang allen Anfangs ist. Es ist diejenige Energie, die im Sprechen Gottes liegt, aus dem alles wird: Und Gott sprach: Es werde Licht! Und es ward Licht. Und Gott sah, dass das Licht gut war. (1. Mose 1,3)

Hier, im Neuen Jerusalem, soll zur Wirkung kommen allein, was wahrhaft Gottes ist, ohne jede Verwechslung zwischen dem Schaffenden und dem Geschaffenen, zwischen Schöpfer und Geschöpf; denn diese Verwechslung ist der Grund aller Fehlhaltungen und Fehlhandlungen, die Wurzel allen Übels und aller Unvernunft. Insofern ist das Neue Jerusalem Ort und Medium wahrer Gotteserkenntnis und Menschenkenntnis.

Dieses Licht, die pure Energie ist aber keine vernichtende Explosion, sondern gebändigt und gebündelt erleuchtet sie zu „königlichem Regieren“ (22,5). Der „Basileus“, der König, ist im ursprünglichen biblischen Sinn zugleich Hüter und Hirte schutzbedürftigen Lebens. Er muss auf die Frage: Kain, wo ist dein Bruder Abel? nicht mehr frech zur Antwort geben: Soll ich meines Bruders Hüter sein? (1. Mose 4,9: Kain fragt also, ob er der Hüter des Hüters / Hirten sein soll!). Im königlichen Regieren, zu dem nun alle beauftragt und befähigt sind - in Ewigkeit: also mit Langzeitperspektive - vollendet sich die Gottes-Ebenbildlichkeit des Menschen. Wer „königlich“ behandelt wird, wird selbst wie ein „König“ handeln - und so sind die Knechte Könige: erhaben, weil sie sich über niemanden erheben.

So regiert auch das Lamm, mit dem Gott seinen Thron teilt (22,5). Eine Kreatur als Mitregent! Welch' ein Widerspruch zu unserem Anthropozentrismus! Dem Ohnmächtigen wird die ganze Macht anvertraut, das Opfer erhält seine „königlichen“ Rechte zurück. Gott hat die Stimme des Blutes des ermordeten Abel, das von der Erde zum Himmel schreit (1. Mose 4,10), erhört. Im Blick auf das Lamm, einem Urbild von Hingabe, erkennen wir: Einzig das Licht der Liebe kann die Nacht zum Tag machen. Denn die Liebe kann selbst das Dunkel der Menschenabgründe und Todesqualen in einen hellen Schein verwandeln.

III. „Jerusalem - erfahre Auferstehen!"[1]

Die letzte Vision in der (christlichen) Bibel lädt uns ein, „den Himmel als Welt, die Welt als Stadt und die neue Stadt als offenen Platz, der Bürgerrecht und Wohlergehen für alle einschließt",[2] wahrzunehmen. Das Neue Jerusalem ist frei von Ungerechtigkeit und Laster, Fluch und bösen Mächten, frei auch von Tränen, Tod und Trauer, von Hunger, Durst und Schmerzen. Die eschatologische Stadt Gottes verbindet Himmel und Erde, Stadt und Land, Zentrum und Provinz, Kultur und Natur, Urbanität und Humanität.

Wie eingangs angedeutet, hat diese unüberbietbare Vision ja auch unsere gesamte Kulturgeschichte nachhaltig beeinflusst, vor allem die Baukunst. Seit dem frühen Mittelalter werden Klöster, Kirchen und Städte nach dem Vorbild des Neuen Jerusalem gebaut.[3] In unzähligen Kirchen senkt sich die „himmlische Stadt" als Radleuchter von oben auf die Gemeinde. In schwierigsten Zeiten ein Abglanz des Himmels im Erdendunkel! Und als so viele Menschen aus Europa in die sog. „neue Welt" auf der anderen Seite des Atlantiks aufbrachen, empfanden sie ihre Reise als Pilgerweg zum Neuen Jerusalem, nach dessen Bild sie nun mitbauten am >Reich Gottes<, wie sie es verstanden.

Was auch immer daraus wurde, Jerusalem, die Stadt auf dem Berge, ist der „Schlüssel" zur europäisch-amerikanischen Kultur. Dessen Original weiß der Jerusalem-Kenner Paul Badde freilich immer noch in Vorderasien:[4] „Was Europa geformt hat, wurde ursprünglich in Vorderasien geplant: im Heiligen Land, wo die Heilige Stadt erstmals als ein Ort des Friedens für die Menschen geschaut wurde. Die Vorstellung dieses Gegenentwurfs zu den Sklavenhäusern aller Tyrannen der Erde wurde über Jahrhunderte entwickelt. Die Stadt Gottes unter den Menschen! Eine ewig gerechte Welt, an der jede Herrschaft immer wieder gemessen werden kann. Diese himmlische Stadt ist das gesellschaftliche Urmeter. Die Sehnsucht nach einem solchen Gemeinwesen ist der Keim unserer Zivilisation, in der das Jüdische zu einem Ferment der Unruhe in Europa geworden ist: einer prophetischen Unruhe auf Gottes Gerechtigkeit schon auf der Erde hin."

---

[1] Else Lasker-Schüler, a. a. O., S. 185f

[2] So Elisabeth Schüssler-Fiorenza: a. a. O., S. 138

[3] Siehe Georges Duby: Die Zeit der Kathedralen, Frankfurt/M. 1984, S. 193f: „Wie eine Traumstadt erheben sich die zahllosen Turmspitzen, Giebel und Zinnen als Krönung des Bauwerks in den Himmel, und diese ideale Gottesstadt verklärt die städtische Landschaft."

[4] Paul Badde: a. a. O., S. 23 (Die himmlische Stadt...)

Und dennoch steht - auch und gerade - in Europas Geschichte der Tagseite eine tiefschwarze Nachtseite gegenüber. Das verstärkt und verschärft die Frage: Was bedeuten solche Visionen heute noch?

In der Johannes-Offenbarung begegnen wir der bezwingenden Schönheit wie der, wenn man aus ihnen falsche Schlüsse zieht, gewalttätigen Macht aller Visionen und Utopien. Deshalb zunächst eine kritische Bemerkung. Fasziniert von der überbordenden Hoffnung, die sich in den Gesichten des Johannes bildlichen Ausdruck verschafft, beunruhigt mich am Buch der Offenbarung die kompromisslose Sprache, die keine Grautöne, die nur Entweder-Oder kennt.

Aus der Perspektive des Sehers auf Patmos kann ich sie nachvollziehen: Statt Unrecht ideologisch zu verschleiern, bietet die Apokalypse herrschaftskritisch der Realität der Armen und Ausgeschlossenen die Stirn statt den Nacken! Wer nämlich in Gottes Verheißung eingetaucht wird, taucht bei den Bedrückten und Bedrängten auf - und wagt an ihrer Seite einen ersten Schritt auf dem mühsamen Weg zu gerechteren Verhältnissen, stets wissend, dass nach der Befreiung die Freiheit erst noch gestaltet sein will.

Der Seher Johannes scheint mir aber aufs Ganze gesehen nicht frei davon, in seinen Worten und Bildern die Gewaltstrukturen, die er beseitigen will, unbewusst zu übernehmen. In diesem verkehrten Sinn hat man sich jedenfalls oft auf die Johannes-Offenbarung berufen und die als störend empfundenen „Anderen" beseitigen wollen. Darum ist uns ein vorsichtiger und zurückhaltender Umgang gerade mit den biblischen Verheißungen und Visionen geboten!

Dennoch brauchen wir die biblischen Visionen unbedingt. Mit ihnen wird das Lebensprojekt Gottes auch zu unserem Lebensprojekt. Dafür nenne ich drei Gründe:

1. Die hebräische und die christliche Bibel bezeugen uns einen Gott des Exodus, des Aufbruchs, der immer neuen Anfänge. In seiner Schechinah („Einwohnung") zieht Gott gleichsam aus sich selbst aus, um im Dasein für und Mitsein mit uns ganz bei sich selbst, ganz Gott Seiner Menschen zu sein. Der Name über alle Namen! Die Wasserwogen, die sich teilen und freien Durchzug gestatten! Die Wolke, die uns voran zieht! Die Feuersäule, die uns voraus leuchtet! Das „heilige Zelt", in dem Gott immer wieder mit uns aufbricht ins Land der Freiheit, ungeachtet der Wüstennot! Der „Ganz Andere", der allein der „Ganz Ändernde" sein kann und ist! Der auch jenseits von Katastrophen und Destruktionen wieder gegenwärtig ist und angebetet wird!

Diese Signale und Symbole des Aufbruchs verdichten sich in den biblischen Visionen, allemal in der vom Neuen Jerusalem. In der Mitte davon die Symbole Braut und

Lamm: Die Hochzeit! Das messianische Fest![1] Die messianische Hoffnung und Freude sind Grund, Mitte und Ziel, Quelle und Kraft jüdischen wie christlichen Glaubens. Zu dieser Hoffnung sind wir berufen. Diese Hoffnung sind wir allen anderen Menschen schuldig. Wer von den größten Skeptikern wollte denn garantieren, dass es keinen Grund zur Hoffnung gibt?! Mit unserer Hoffnung sind wir selbst Teil der Vision vom neuen Himmel und von der neuen Erde: ganz hineingenommen in das Lebensprojekt Gottes. Die Vision führt mich hinaus aus der dürftigen Heutigkeit - und ich lerne wieder zu wünschen, das *Richtige* zu wünschen.

2. Von dem her, was hoffend erkannt und geschaut wird, reibt sich die Hoffnung an dem, was ihr widerspricht und was mithin noch aussteht. In der Vision vom Neuen Jerusalem ist aber das, was noch aussteht, von Gottes Versprechen umfangen, das Lebensprojekt noch einmal neu zu beginnen.

Dann kann das, was ist, nicht alles sein! Wir kennen die ungeheure Macht, mit dem das, was ist, sich als Erfüllung ausgibt. Dieser Ewigkeitsanspruch ist so maßlos, dass er den Schöpfer und die Geschöpfe beleidigt. Darum ist auch eine gleichsam maßlose Hoffnung wie die auf den neuen Himmel und die neue Erde, in der eine kategoriale Veränderung vorgestellt wird, notwendig. Mit Blick auf die eschatologische Stadt als neuer Garten Eden, als Neubeginn des Lebensprojektes Gottes behaupte ich deshalb: Nur aus der großen Vision kommen die kleinen Schritte zu einem schonenden Umgang mit dem Leben. Heute muss uns allerdings beunruhigen, dass wir hinsichtlich der Klimaschäden, nach allem, was inzwischen gesicherte Erkenntnis zu sein scheint, keine Zeit mehr für kleine Schritte haben, sondern große Schritte dringend an der Zeit sind.

In diesem Sinn, denke ich, kann und will die „himmlische Stadt" wieder zu unserem „gesellschaftlichen Urmeter" werden:

> als Orientierung an den Aufgaben der Zukunft, die immer schon jetzt beginnt;

> als Maßstab für das, was sein sollte und nicht mehr sein dürfte;

> nicht zuletzt in der Zuversicht, die uns erst handlungsfähig macht: Am Ende bleibt diese Welt noch immer in Gott.

Jedenfalls kann Gott ändern, was ist, und hat die Freiheit, sich selbst zu ändern. Indem diese Verheißung im Jetzt erklingt, nimmt sie den Gewaltverhältnissen noch nicht die Macht, bestreitet ihnen aber jedes Recht, ein für allemal, auch wenn alles noch aussteht. Also wird, was uns die Sprache raubt, nicht das letzte Wort behalten.

---

[1] Die ganze Johannes-Offenbarung kann mit gutem Grund als „Liturgie" verstanden werden (Literatur dazu bei Rita Müller-Fieberg, z. B. Joseph Comblin: La liturgie de la nouvelle Jérusalem - Apoc. XXI,1-XXII,5, EthL 29 [1953], S. 5-40; Klaus-Peter Jörns: Das hymnische Evangelium, StNT 5, Gütersloh 1971).

Das ist, so verstehe ich es von der Botschaft der Auferstehung her, messianische Hoffnung. Und Menschen, die aus dieser Hoffnung leben, erkennen umrisshaft die Gestalt einer künftigen Welt. Wer nämlich die Herrschaft Gottes als Ziel und Ende der Geschichte glaubt, nimmt in der Geschichte selbst die Spuren ihres Kommens wahr und setzt auch Zeichen der Hoffnung darauf. [1]

3. Auch *an* solchen hoffenden Menschen erkennen wir umrisshaft die Gestalt einer künftigen Welt, freilich in einer ganz charakteristischen Weise. Denn Menschen, die aus einer an „Moses und den Propheten" und an Jesus Christus orientierten Hoffnung leben, wissen ganz genau: Gott allein kann aus der Erde einen Himmel machen. Mithin verzichten sie darauf, ein Paradies auf Erden schaffen zu wollen. Das heißt: Sie geben die Visionen und Utopien nicht auf, gerade um gegen solche Ideologien gewappnet zu sein, die, um alles beim Alten lassen zu können, in dieser Welt die beste aller Welten erkennen wollen.[2]

Ebenso wenig geben sie die Visionen und Utopien aus als von Menschen erfüllbar oder gar schon erfüllt. Wo eine Vision oder Utopie als erfüllt ausgegeben wird, wird das Leben ideologisch verzerrt und jede Freiheit in totalitäre Herrschaft verkehrt; wir haben es im 20. Jahrhundert auf das Bitterste und Schrecklichste erlebt. Wo aber mit Verweis auf die Gefahr visionär-utopischen Denkens das Hoffen und letztlich das Denken selbst, das ja ohne Hoffnung auf ein Ergebnis, ein Ziel, eine Wahrheit unmöglich wäre, verächtlich gemacht wird, wird das Leben arm. Dann wird die Gegenwart zur einzigen Zeit. Vergangenheit und Zukunft werden suspendiert. Dann aber wird, was jetzt herrscht, ewig herrschen, weil sich alles schon im Hier und Jetzt erfüllen muss.

Darum ist es gut, wenn uns der neue Himmel und die neue Erde, abgebildet im herabkommenden Jerusalem, der Stadt auf dem Berge, allein in der Verheißung zugänglich sind und nicht wir sie, sondern sie uns unbedingt ansprechen und ergreifen. Das ist zumal deshalb gut, weil es die Wahrheit ist: die Verheißung ist noch unerfüllt. Nur so kann sie mit immer neuem Hoffnungsimpuls Orientierung, Maßstäbe und Zuversicht geben. Die Verheißung steht einerseits für eine Zukunft jenseits der Geschichte, insofern sie von Gott verwirklicht wird und dem Ende folgt, ist andererseits aber schon Teil der realen, neuen Geschichte Gottes mit und in der Welt. So

[1] Nach Gerhard Ebeling: Dogmatik des christlichen Glaubens III, Tübingen 1979, S. 506

[2] Auch wenn in Offenbarung 21 und 22 davon nichts steht, kann ich mir - auf dem Hintergrund der „Garten-Eden-Erzählung", nach der die Arbeit zum Menschsein gehört wie zum Vogel das Fliegen (Martin Luther), und der Jesaja-Prophetien, dass auch im neuen Himmel und der neuen Erde gepflanzt und geerntet wird (Jes 65,21) - das Neue Jerusalem nicht ohne tätige, also arbeitende Menschen vorstellen. Es ist ja kein Schlaraffenland! Aber die Arbeit ist befreit vom Zwang und als Zwang, die Arbeitenden genießen die Früchte ihrer Mühen uneingeschränkt.

wirkt Gott in der Geschichte vor allem kraft Seiner Verheißungen, in einer spirituellen und materiellen Dimension zugleich.

Doch wo genau sollen wir diese Verheißungen, Visionen und Utopien, die uns aus der Bibel entgegenleuchten, verorten? In Jonathan Magonets „Einführung ins Judentum" habe ich von der Praxis der „Auslassung" gelesen[1]: „In jedem Haus werden Juden angewiesen, einen Teil der Zimmerdecke unverputzt zu lassen, als Erinnerung und Zeichen der Trauer darüber, dass der Tempel zerstört ist." So möchte ich auch mit den biblischen Verheißungen umgehen: einfach einen Teil der Wohnung, d. h. des Lebens unverputzt, unausgefüllt lassen im Gedenken an das, was noch aussteht, damit in der Illusion von Erfüllung nicht die Hoffnung erstirbt und zugleich die Hoffnung in der Vision des noch Unerfüllten lebendig bleibt, kraft der Verheißung.

Zum Schluss möchte ich noch auf eine Frage eingehen, die mich seit der ersten Lektüre von Offenbarung 21 und 22 begleitet: Warum haftet die Vision vom neuen Himmel und von der neuen Erde gerade an Jerusalem, dieser so geplagten, zerrissenen Stadt? Weil, so verstehe ich es, die Hoffnung auf und die Arbeit am Frieden dort ansetzen *muss*, wo der Verlust des Friedens am deutlichsten erfahren und erkannt wird. Wirksam überwinden kann der Friede den Unfrieden nur in dessen Tiefe. Rettung - da kommt das Bild von der Stadt auf dem Berge an seine Grenzen - kommt nur aus der Tiefe! Das Licht gehört am allermeisten dorthin, wo es am Dunkelsten ist. Erst wenn die Hoffnung auf Heil und Heilung dort sich einnistet, wo die Heillosigkeit die tiefsten Wunden geschlagen hat, können die Wunden geheilt und der Schmerz verwandelt werden in kommende Freude.

Das geschehe auch Jerusalem! Noch in der Geschichte, die sich jetzt ereignet und die wir mitgestalten! Zwar ist Jerusalem längst zu einem spirituellen Symbol geworden. Aber gerade wer in Gott eintaucht, taucht auf mitten im Beten und Arbeiten gegen die Not, soweit sie von Menschen gewendet werden kann. Also halten wir die reale Hoffnung auf, das intensive Gebet um und, sofern wir etwas beitragen können, die konkrete Arbeit am Frieden für, in und durch Jerusalem aufrecht. Jeder Friede auf Erden braucht Kraft und Halt, Antrieb und Maßstab in einem anderen Frieden, der höher ist als alle menschliche Vernunft.

Amos Elon[2] hält einen Frieden in Jerusalem nur für möglich, wenn die Religionen ihre Ansprüche deutlich zurücknehmen. Er begründet diese Position eher religionskritisch. Soweit ich aus der Ferne die Lage überhaupt beurteilen kann und darf, möchte ich sie religiös begründen: Ein Glaube, der Gott ganz Gott sein lässt, bewährt

---

[1] Jonathan Magonet: Elf Sterne sah Josef im Traum. Jüdische Träume und Visionen, in Kap. 11 aus ders.: Einführung ins Judentum, Berlin 2003, S. 263-269 - hier zitiert nach KLAK-Impulse 3, S. 89

[2] Vgl. Amos Elon: a. a. O., S. 340-358

sich darin, dass aus zuteil gewordenen Wahrheitseinsichten keine Geltungsansprüche, weder religiöse noch politische, abgeleitet und schon gar nicht mit Gewalt durchgesetzt werden. Eine solche „religions-kritische" Haltung aus inneren religiösen Gründen drängt sich schlicht vom 1. Gebot her auf: „Du sollst keine anderen Götter haben neben mir." Auch die Religion kann zu einem Gott neben Gott, einem Götzen werden. Das Leben im Neuen Jerusalem ist ganz von dem Einen Gott bestimmt, d. h. das Leben Gottes hat alle seine Bewohner/innen erfasst und erfüllt. Gerade dann aber sind alle religiös begründeten Geltungs- und Machtansprüche a-religiös, überflüssig und aufgehoben.

Die biblischen Visionen sind Spiegel, die - wie Joseph Semahs Spiegelinstallation im Ev. Kirchenzentrum Kronsberg / Hannover - auf dem Boden liegen und so dem Raum, der sich von oben her in ihnen spiegelt, eine neue, ungeahnte Tiefe geben. Darin erblicke ich ein Gleichnis für die Zukunftshoffnung, die mir aus der hebräischen und der christlichen Bibel entgegenkommt: Weil wir über diese Welt hinaus hoffen, hoffen wir in sie hinein. Wir stehen noch weit vor dem Festsaal, in dem Braut und Lamm Hochzeit feiern, aber wir hören schon die Musik.

Jerusalem soll sein und muss werden: nur noch der Augapfel Gottes, nie mehr Zankapfel der Menschen! In diesem Sinn schließe ich mit einer Versauswahl aus Else Lasker-Schülers Gedicht „Jerusalem":[1]

Ich wandele wie durch Mausoleen - / Vereint ist unsere Heilige Stadt. / Es ruhen Steine in den Betten ihrer toten Seen / Statt Wasserseiden, die da spielen: kommen und vergehen.

Es starren Gründe hart den Wanderer an - / und er versinkt in ihre starren Nächte. / Ich habe Angst, die ich nicht überwältigen kann. ... / Wenn du doch kämest - / in das Land der Ahnen - / Du würdest wie ein Kindlein mich ermahnen: / Jerusalem - erfahre Auferstehen!

* * *

„Ich schlief, doch wach war mein Herz"
Schlaflosigkeit - Annäherung an Emmanuel Lévinas[2]

I.

Mitten in der Nacht wachst du auf - und kannst nicht wieder einschlafen; du bist hellwach und denkst an das, was vor dir liegt. Oder dich haben die Bilder eines Traums geweckt, die noch eine ganze Weile bei dir bleiben. Andere können vielleicht gar nicht erst einschlafen; sie gehen körperlich todmüde zu Bett, aber ihr Hirn er-

---

[1] Else Lasker-Schüler: a. a. O., S. 185

[2] Diesen Text habe ich zunächst für einen Freundeskreis in Hannover verfasst und am 10. Oktober 2007 vorgetragen, später auch in anderen kleineren Gesprächsgruppen, die eine Einführung in die Philosophie von E. Lévinas erbaten.

zeugt unablässig Gedanken; ein wahres Neuronenfeuer hindert daran, endlich zur Ruhe zu kommen.

Die existentielle Erfahrung der SCHLAFLOSIGKEIT ist sehr ambivalent. Zu ihren positiven Seiten gehört das Glück, dass Energie und Kreativität freigesetzt werden können, wenn du, nachdem alle schon schlafen, in die Ruhe der Nacht eintauchst, sei es bei einem nächtlichen Spaziergang, einer Nachtfahrt im Auto oder nachts am Schreibtisch. Eine noch stärkere Energie und Kreativität kann die Zeit des Übergangs von der Nacht zum neuen Tag - die Zeit kurz vor dem Sonnenaufgang, die Zeit des heraufziehenden Morgenlichts - in dir wecken. „Die Nacht ist schon im Schwinden, / macht euch zum Stalle auf!“ (EG 16,3) - so beschreibt Jochen Klepper in dichterischer Sprache diese Erfahrung als spirituelles Erlebnis.

Geweckt zu werden und zu erwachen - das ist, in der Sprache der Bibel, d i e Ostererfahrung; so spricht z. B. Paulus statt von „Auferstehung“ von „Auferweckung“. Sie ist der Berufungserfahrung der Propheten ganz ähnlich: ein unbedingtes Angesprochen- und Inanspruchgenommensein, dem du dich einfach nicht mehr entziehen kannst; eine Art „zwangloser Zwang“, wie du ihn gegenüber einem schönen Bild, einer wunderbaren Musik oder einem Menschenantlitz empfindest, die dich unwiderstehlich anziehen, die deine Sinne wecken und erwachen lassen.

Man kann das Entstehen, das Erscheinungsbild und die Wirkungen der unterschiedlichen, vielfältigen Formen der SCHLAFLOSIGKEIT physiologisch oder psychologisch erklären. Heute allerdings verwende ich den Begriff der SCHLAFLOSIGKEIT ausschließlich philosophisch. Darauf gebracht hat mich der französische Philosoph Emmanuel Lévinas, zu dessen Leben und Werk ich nachher noch etwas sagen werde. Zunächst jedoch erinnere ich an eine bekannte biblische Geschichte und einen unbekannteren biblischen Text.

II.

Mit der bekannten biblischen Geschichte meine ich die von Jakobs Traum[1]. Jakob will sich unter keinen Umständen mit der Rolle als Zweitgeborener abfinden. Darum erschleicht er sich den Vater-Segen, indem er erst seinen Bruder Esau betrügt und dann seinen Vater Isaak belügt. Doch nun, da er die Rache seines Bruders fürchten muss, flieht Jakob auf Anraten und mit Hilfe seiner Mutter Rebekka. Nach etwa 100 km gehetztem Fußmarsch landet Jakob in der Wüste bei Be`erscheba, packt sich ei-

[1] Genesis 28,10-22. - Der Name „Ja'akow“ / „Fersenhalter“ bedeutet im übertragenen Sinn soviel wie „windiger Bursche“, „Trickser“, „Schleimer“, „Einschleicher“, „Betrüger“. Schon an diesem „Erzvater“ wird deutlich, dass die von Gott Berufenen keineswegs Menschen mit besonderer moralischer Qualifikation sein müssen und es bei den biblischen Gestalten und ihren Geschichten um existentielle Grunderfahrungen statt um moralische Postulate geht!

nen Stein unter den Kopf und schläft ermattet und ermüdet ein. Doch sein Inneres wird unversehens wieder geweckt durch einen Traum. Das Traumbild ist keine „Himmelsleiter", sondern eine Art Aufgang, eine Treppe, auf der „Engel" hinauf- und hinabsteigen, während von oberhalb der Treppenspitze die Stimme Gottes dem schlafenden Jakob einen umfassenden Segen zuspricht.

Jenseits moralischer Maßstäbe wird hier jemandem Leben als Gabe zugesagt, der es zu Lasten Anderer mit eigenen Kräften an sich reißen wollte. So wird der schlafende Jakob geweckt für eine Wirklichkeit, mehr noch: *von* einer Wirklichkeit, die über das hinausgeht, was er sich selbst in seinen kühnsten Träumen kaum erhofft haben wird. Diese Wirklichkeit begegnet ihm als eine Verbundenheit und Verbindlichkeit, die seinem Dasein ganz und gar vorausliegt - und ihm insofern „transzendent" ist. Im Blick auf unsere moderne Vorstellung vom „Selbstbewusstsein" frage ich: Hat Jakob vor seinem Traum überhaupt ein „Selbstbewusstsein" gehabt oder ist er, was ich vermute, zum Bewusstsein von Leben und von sich selbst überhaupt erst kraft seines Traumes erwacht, in dieser spezifischen SCHLAFLOSIGKEIT?

Von dieser inneren SCHLAFLOSIGKEIT im Träumen ist es nur ein Schritt zu einer SCHLAFLOSIGKEIT, die wir ebenfalls alle kennen: die SCHLAFLOSIGKEIT oder umgekehrt das Gewecktwerden, das Erwachen und das Wachsein- bzw. Wachbleibenmüssen aus Liebe. Davon gibt uns - und das ist der angekündigte unbekannte Text - das Lied einer jungen Frau Zeugnis, das wir - hier nach der Zürcher Bibel 2007 - im Hohenlied Salomos Kapitel 5, Verse 2 bis 6, mit folgenden Worten finden:

Ich schlief, doch wach war mein Herz. / Horch, mein Geliebter klopft: / Öffne mir, meine Schwester, meine Freundin, / meine Taube, meine Makellose! / Voll Tau ist mein Haupt, / meine Locken voll Tropfen der Nacht. / Ich habe mein Kleid abgelegt, / wie könnte ich es wieder anziehen? / Ich habe meine Füße gewaschen, / wie könnte ich sie wieder beschmutzen?

Mein Geliebter streckte seine Hand durch die Öffnung, da bebte mein Innerstes ihm entgegen. / Ich stand auf, meinem Geliebten zu öffnen, / und meine Hände troffen von Myrrhe / an den Griffen des Riegels.

Ich öffnete meinem Geliebten, / doch mein Geliebter war gegangen, war fort. / Außer mir war ich, dass er sich weggewandt hatte. / Ich suchte ihn und fand ihn nicht, / rief ihn, doch er gab nicht Antwort.

Von der Liebe berührt und erfasst, befindet sich die junge Frau in einem eigentümlichen Zustand: Ähnlich wie Jakob schläft auch sie, was ihre äußere Befindlichkeit betrifft, aber im Inneren ist sie hellwach, geweckt und bereit: im Herzen. Dabei ist zu beachten, dass „Herz" / „leb" im Hebräischen nicht das - und schon gar nicht das romantische - Gefühl bezeichnet, sondern das Wissen und Gewissen, die Verantwortung und die Vernunft, in gewisser Weise das, was wir „Bewusstsein" oder sogar

„Selbstbewusstsein" nennen. Dieses alles ist zwar in ihr, aber nicht durch sie selbst erwacht, sondern es kommt gleichsam von außen auf sie zu, es erweckt sie und erzeugt diese eigentümliche Art von SCHLAFLOSIGKEIT, in der die junge Frau agiert, indem sie re-agiert: *Mein Geliebter streckte seine Hand durch die Öffnung, / da bebte mein Innerstes ihm entgegen.*

Aber in genau dem Moment, indem der Geliebte seine Hand zur Geliebten hin ausstreckt und ihr Verlangen steigert, entzieht er sich ihrer Handgreiflichkeit, ihrem Zugriff, ihrem Begehren. Wäre es anders, wenn sie sich liebend vereinigten? Ja und Nein. Denn der Moment der Erfüllung verlangt nach neuer Erfüllung - und so enthält gerade er den Moment der Nicht-Erfüllung; so erweckt das Begehrte unablässig das Begehren, wohnt doch gerade im erfüllten Heute - aufbewahrt in der Erinnerung und vergegenwärtigt im Bewusstsein - der heute noch unerfüllte Wunsch nach dem Morgen, der Wiederholung. Mit anderen Worten: Der Geliebte bleibt, selbst in unendlicher Näherung, in unendlicher Ferne - und genau diese paradoxe Beziehung von Nähe und Abstand, von Unmittelbarkeit und Entzogenheit ist mit dem Wort „heilig" gemeint.

Eben die Wirklichkeit, von der das Mädchen angesprochen und so in Anspruch genommen wird, trägt den Charakter des Unbedingten. Dieses Unbedingte vertritt die Stelle von etwas Unendlichem; es erweist sich als etwas „Transzendentes" im ganz und gar „Immanenten".

Darin bedeutet es eine große Störung, jedenfalls für ein in sich ruhen und sich selbst genügen wollendes Selbst. Jenes „Transzendente" ist auch keine „Selbst-Transzendenz", kraft der sich das „Immanente" von sich aus ausstreckt und ausdehnt auf etwas hin, das über es hinaus ist. Was das im Blick auf das „Bewusstsein" bzw. „Selbstbewusstsein" bedeutet, habe ich eben schon angedeutet: Das „Bewusstsein" bzw. „Selbstbewusstsein" empfängt die Bedingung seiner Möglichkeit von einem auf es Zukommenden und ihm so zu Grunde Liegenden her, das nicht in ihm enthalten ist.

Damit benenne ich eine für mich zentrale Erfahrung und Einsicht: Das „Bewusstsein" bzw. „Selbstbewusstsein" ist etwas Grundgelegtes: Passivität statt Aktivität - und damit Aktivität, die von einer grundlegenden, passivsten Passivität erweckt wird und sich kraft dieser Passivität ereignet; konstitutiv für das Menschsein, das Personsein, die Subjektivität und Individualität, aber von einem Anderen her konstituiert; Identität kraft der Nicht-Identität. Die grundsätzliche Gegebenheit des Lebens, das Gelegtsein des Daseins ist prim-ordial, gleichsam vor-ursächlich im Sinne der ersten vor aller vom Menschen geschaffenen Ordnung: reine Rezeptivität. Dieses radikal Gegebene liegt allem zu Gestaltenden voraus und kann von diesem niemals eingeholt werden, ja, indem das Gegebensein immer wieder im Gestaltungsvorgang - bemerkbar spätestens, wenn dieser gehemmt ist oder am Ziel vorbei führt - aufbricht, bricht es in alle Lebensprozesse ein, ist der Mensch ihm in einer „asymmetrischen" Beziehung geradezu „ausgesetzt", „ausgeliefert". In Hinsicht auf das Denken ist es ein Unvordenkliches, das alles Denken in Gang setzt, ohne von diesem selbst erreicht, erfasst, begriffen werden zu können - und so, als das Gegebene, Antreibende und zugleich Uneinholbare, weckt es in doppelter Weise auf, stört es den Schlaf des Selbst und erzeugt SCHLAFLOSIGKEIT.

III.

So „bricht Gott ins Denken ein", sagt Emmanuel Lévinas, dessen Verständnis der SCHLAFLOSIGKEIT ich mich inzwischen angenähert habe; er selbst zitiert das kleine Liebeslied aus dem Hohenlied Salomos. Wenn ich nun versuche, Lévinas' Philosophie am Stichwort SCHLAFLOSIGKEIT zu erläutern, greife ich nur diesen einen Aspekt heraus, einfach weil mich die Lektüre seiner Schriften im guten Sinn viel Schlaf gekostet und mich irgendwie aufgeweckt hat; ich könnte auch sagen: aufgeschreckt.

Wer war dieser Emmanuel Lévinas und worum ging es ihm? Er wurde am 12. Januar 1906 als Sohn jüdischer Eltern in Kaunas / Litauen geboren. Seine Muttersprache ist Russisch, die erste Sprache, die er lesen lernt, Hebräisch. Lévinas studiert von 1923 bis 1929 Philosophie, erst in Straßburg, dann in Freiburg bei Edmund Husserl und Martin Heidegger. Im Jahr 1930 wird er französischer Staatsbürger und heiratet Raîssa Levi, eine russische Französin. Er übersetzt philosophische Werke von Husserl und Heidegger ins Französische und nimmt dadurch Einfluss auf die neuere französische Philosophie, weil die Franzosen bis heute wichtige philosophische Schriften in seiner Übersetzung lesen, beschreitet aber selbst den Weg des (schlecht bezahlten) Pädagogen und nicht den des akademischen Lehrers. Bei Kriegsbeginn, 1939, tritt er in die französische Armee als Dolmetscher ein und gerät 1940 in deutsche Kriegsgefangenschaft in der Nähe von Magdeburg. Als Offizier der französischen Armee entgeht Lévinas dem Konzentrationslager, während seine Eltern und seine Brüder und praktisch seine ganze weitere Herkunftsfamilie von den Nationalsozialisten ermordet werden. Nach dem Krieg arbeitet Lévinas in Paris wieder als Lehrer und später Direktor der École Normale Israélite Orientale (ENIO), einer Schule für das Studium der israelischen und orientalischen Kultur. Er lässt sich von der Politik des Staates Israel wenig beeindrucken, ruft aber einen Kreis von Menschen zusammen, der sich zu „Kolloquien der Jüdischen Intellektuellen französischer Sprache" zusammenfindet und vor dem er, ohne eine rabbinische Ausbildung zu haben und den Status eines Rabbiners zu beanspruchen, als Laie Talmudvorlesungen hält. Erst nachdem er sein

Buch „Totalität und Unendlichkeit“, eine Kritik der Philosophie des dem Nationalsozialismus aufgesessenen Martin Heidegger, veröffentlicht hat, beginnt seine Universitätslaufbahn im Alter von 55 Jahren. Von 1964 bis 1976 ist Lévinas Professor für Philosophie in Poitiers, dann - zur Zeit der Mai-Unruhen 1968 - in Paris-Nanterre und die letzten drei Jahre an der Pariser Sorbonne. Er stirbt in der Nacht vom 24. auf den 25. Dezember 1995. Lévinas steht ganz im Schatten der berühmten französischen Existenz- und Sozialphilosophen, aber einige philosophische Berühmtheiten wie Jacques Derrida geben nach seinem Tod öffentlich zu erkennen, das sie viel von ihm gelernt haben.

Um es vorweg und gegen die bei uns üblichen Denkmuster und Einteilungen zu sagen: Emmanuel Lévinas ist kein konservativer Denker, der - wie in Deutschland die meisten der Philosophen, die die Seinsordnung mit ihren Vorgegebenheiten in den Mittelpunkt stellen - auf das Bewahren des Bestehenden aus ist; durchaus ähnlich wie Ernst Bloch vertritt er ein messianisches, auf Erneuerung und Zukunft gerichtetes Denken. Wie der modernen Philosophie, Psychologie und Soziologie geht es ihm zentral um das Subjekt, das Individuum, das Ich-Werden sowie um Freiheit und soziale Gerechtigkeit. Doch zielt sein ganzes Bemühen in radikaler Weise darauf, die Grundlagen dafür neu zu durchdenken. Deshalb verwendet er nahezu alle bisherigen philosophischen Begriffe anders als es - weniger in Frankreich denn in Deutschland - noch heute gang und gäbe ist.

Ausgehend von sehr konkreten Erfahrungen - wie dem Schlaf des Menschen oder der Erotik - stellt er die abendländische Philosophie vom Kopf auf die Füße - und das aus einem triftigen Grund, der an Martin Heidegger überdeutlich wird: Die abendländische Wesens- und Seinsphilosophie, die den denkenden und seiner selbst bewussten Menschen in den Mittelpunkt stellt und sein Sein gleichsam, wenn sie überhaupt noch so denkt, im Sein Gottes aufgehoben und vervollkommnet sieht, hat der organisierten eliminatorischen Unmenschlichkeit erschreckendsten Ausmaßes in Nazitum und Stalinismus keinen Widerstand bieten können; sie hat nicht verhindert, dass der Mensch sich zum Übermenschen und damit zum Unmenschen macht. Selbst das religiöse Denken des Absoluten als oder in Gott oder von Gott als letztem moralischen Gebieter und Gesetzgeber hat den Menschen keineswegs davor bewahrt, sich selbst absolut zu setzen und damit inhumane Unterdrückungs- und Ausbeutungsprozesse gegenüber sich selbst wie gegenüber der Natur stets aufs Neue in Gang zu setzen.

Was ist nach Lévinas der Grund für das Versagen der Philosophie gegenüber der Inhumanität, genauer: für das Inhumanwerden des menschlichen Denkens selbst? Der Grund liege in dem Seinsdenken als solchem, weil dieses immer nur sich selbst denke. Auch wenn es Gott als das Sein schlechthin[1] gedacht habe, habe es das absolut Transzendente zu einem Gegenstand des eigenen Denkens gemacht. Das abendländische Seinsdenken - Ontologie, auch in Form der Theologie - hat, sagt Lévinas, immer „das Selbe“ gedacht, immer nur Ich, und wenn es Du dachte, hat es das Du vom Ich her gedacht. Wer so denkt, fällt im Denken immer nur auf sich selbst zurück. Dabei bleibt fraglich, ob er sich selbst denkend sein Selbst wirklich entdecken kann; die Geschichte beweist, so Lévinas, das Gegenteil. Deshalb will er mit seinem Denken gleichsam vor dem Denken ansetzen - und muss schon bei den un-vor-denklichen Voraussetzungen für das Sein beginnen.

Lévinas zufolge kommt, wer erst mit dem Denken des Seins beginnt, schon zu spät. Dagegen versucht er, das dem Sein vorausliegende in ihm nicht Enthaltene zu denken. Auf diese Weise will er die Andersheit des Anderen, seine Alterität, wahren und schützen bzw. vermeiden, dass Eines sich des Anderen bemächtigt, es sich einverleibt und damit zerstört.

Eben diesen Denkansatz stellt Lévinas dar in der Metapher von der SCHLAFLOSIGKEIT, die eine von vielen Metaphern ist. Im Schlaf versucht der Mensch, dem Wachsein zu entfliehen. Aber der Schlaf kommuniziert stets mit dem Wachsein. Er bleibt immer am Rande des Erwachens, in Hörweite einer Stimme oder einer Bewegung, die ihn weckt; nicht zuletzt im Traum gerät der Mensch in den Zustand einer anderen Wachheit als derjenigen, die er mit seinem Bewusstsein kontrollieren kann. Gegen diese Stimmen von außen, wie ich es einmal nennen möchte, kann sich niemand wehren, und weder das Einschlafen noch das Aufwachen lassen sich voll und ganz selbsttätig bewirken und beeinflussen. Mithin ist gerade der an sich wohltuende und notwendige Schlaf einer Beeinflussung und Beunruhigung von außen ausgesetzt.

---

[1] Gott als die Totalität des Seins, als Sein des Seienden - oder als das, „über das hinaus nichts Höheres gedacht werden kann“. So die Definition Gottes des Anselm von Canterbury (Ende 12. Jh. n. Chr.), aus der sich *logisch* unwiderlegbar die Existenz Gottes ergibt, denn dem, über das hinaus nichts gedacht werden kann, muss notwendigerweise Sein eignen, weil ihm sonst einerseits etwas Wesentliches fehlte, es andererseits, von Seiendem gedacht, mit dem Sein verbunden ist und schließlich es sonst immer noch etwas gäbe, was höher als dieses „Höchste“ gedacht werden könnte, wodurch es zum „Nicht-mehr-ganz-Höchsten“ relativiert würde und eben nicht mehr Gott wäre. Lévinas stünde dagegen mehr auf der Seite einer „negativen Theologie“, wie wir sie u. a. von Dionysios von Areopagita (ca. 500 n. Chr.) kennen und wie sie z. B. Nikolaus von Kues (15. Jh. n. Chr.) aufgenommen hat. In der derzeitigen röm.-kath. Theologie ist es v. a. der Kreis um Johann Baptist Metz, der sich intensiv mit A. L. beschäftigt, in der protestantischen Theologie wird nur ganz selten auf ihn Bezug genommen, obwohl eine enge Beziehung zur lutherischen Theologie der Rechtfertigung vorliegt.

Für Lévinas ist diese Art SCHLAFLOSIGKEIT ein aus der unmittelbaren Erfahrung gewonnenes Bild für das vorgängige Angesprochen- und Inanspruchgenommensein des Menschen - und damit verbunden mit dem Sachverhalt, dass allem Daseienden und dem Sein-Selbst ein Anderes vorausliegt, nämlich als Bedingung der Möglichkeit von dem, was ist.

Lévinas vermeidet jede metaphysische Spekulation über eine „Welt“ über oder hinter der „Welt“. Aber er hält im Blick auf das Sein-Selbst beharrlich daran fest, dass es sich zunächst einmal vorfindet, dass es grundgelegt, d. h. dass sein Grund nicht in ihm selbst enthalten ist - und dieses „Nicht Enthaltene“ nennt er das „Unendliche“[1]; ich nenne es mit Paul Tillich das „Unbedingte“. So verstanden ist die SCHLAFLOSIGKEIT etwas anderes als die einfache Negation, die Verneinung des natürlichen Phänomens des Schlafes; sie hat einen kategorialen Charakter, sofern sich in ihr das Grundgelegtsein allen Seins abbildet: nämlich dass es prim-ordial gegeben und nicht in sich selbst enthalten ist.

Was für das Sein-Selbst gilt, gilt erst recht für das Selbstsein, das wir in unserem Selbstbewusstsein erfassen und deuten. Auch das Selbstbewusstsein beginnt nicht mit sich selbst. Es beruht auf einer gleichsam passiven Passivität, die, wie Lévinas sich ausdrückt, „passiver als alle Passivität“ ist; in meinen Worten eben: reine Rezeptivität. Es beruht auf der „Passivität der Inspiration“, es wird „erweckt“, man könnte auch sagen und dürfte dabei an die Propheten denken: berufen. In diesem erweckten Wachsein gelangt der Mensch zu seiner Subjektivität und Individualität, indem er wie der Prophet Jesaja antwortet: *„Hier bin ich!* (Jesaja 6,8)

Noch einmal etwas anders formuliert: Wie der Mensch im Schlaf seine Ruhe haben und ganz bei sich selbst sein will, will auch das Selbstbewusstsein in sich ruhen, weil der Mensch so zu sich selbst finden zu können meint. Jedoch die Ansprache von einem Anderen her, die Stimme von außen - und sei sie die Stimme, das Bild, das im Traum im Menschen selbst hervorbricht - weckt immer wieder auf und bewirkt diese spezifische SCHLAFLOSIGKEIT. Wie schon angedeutet, „stört“, nicht selten „verstört“ sie. Ich zitiere Lévinas: „Die Schlaflosigkeit ist das Zerreißen d[ies]er Ruhe im Identischen.“ Auf diese Weise jedoch entsteht eine Identität, ein Selbstsein bzw. Selbstbewusstsein, das keineswegs ein-, sondern mehr-dimensional und vielschichtig ist; der Mensch gelangt zur - ein Spezialausdruck von Lévinas - „Illeität“ oder vom „Ich“ zum „Sich“, vom Nominativ in den Akkusativ. Der Mensch existiert also per se daraus, dass er angesprochen und herausgefordert ist.

[1] Das „Unendliche“ nach Lévinas ist also etwas anderes als die in ihrer Nichtabzählbarkeit bestehende Endlosigkeit der natürlichen Zahlen; man sollte also stets zwischen „endlos“ und „unendlich“ unterscheiden.

Um dieses noch einmal an dem eigenartigen, in der Philosophie völlig ungewöhnlichen Begriff der „Illeität" zu verdeutlichen: Lévinas zufolge liegt die Initiative zu meiner Ichbildung ganz bei dem, was zu mir gesprochen, gleichsam mir zugesprochen ist. Ich nehme dafür als Beispiel die Liebe: Dass jemand zu mir (ge)sagt (hat): „Ich liebe dich.", versetzt mich in den Zustand der Liebe - oder setzt mich diesem Zustand der Liebe aus - kraft der ich dann antworten kann: „Ich liebe dich." Mithin baut ein Ich darauf auf und entwickelt sich daraufhin, dass es erst einmal angesprochen ist und dann auf dieses Angesprochensein hin antwortet.

So erweckt, wird das Bewusstsein, ja, das ganze philosophische Denken davon befreit, immer nur das Identische, immer nur sich selbst bzw. das Selbe zu suchen und damit, im Bild gesprochen, im Zustand der Ruhe und des Schlafes zu erstarren. Diese Art Schlaf nennt Lévinas ein „erstarrtes Wachen" und schreibt, nun die lebenswichtige, unverzichtbare, zentrale Rolle des Bewusstseins zur Geltung bringend: „Erst im Bewusstsein wendet sich das bereits erstarrte Wachen einem Inhalt zu, der identifiziert und in eine Gegenwart, in ‚Wesen' [geste d'être] versammelt wird und der darin aufgeht."

Dieses Bewusstsein kann sich aber nur auf der Basis eines Wissens um die passive Passivität entwickeln: dass der erste Schritt des Sichbewusstwerdens nicht der bewusste Schritt eines Subjektes ist, das sich selbst gesetzt hat, sondern das Subjekt selbst sich einer „Setzung" verdankt, dass ihm seine „Subjektivierung" vorausgeht. Damit gründet das Subjekt mitsamt seinem Bewusstsein von sich selbst in der Erfahrung der „Ausgesetztheit" (l'exposition) - und nur wenn es immer wieder diese Erfahrung des Ausgesetztseins macht, bleibt es Subjekt, das sich seines Personsein, seiner Individualität, seiner Einmaligkeit bewusst und gewiss ist. Zwar muss das end- und inhaltlose Wachen bloßer SCHLAFLOSIGKEIT immer wieder in eine Beziehung des Bewusstseins von der Welt übergehen und insofern aus leerer Unruhe gefüllte Ruhe werden, aber diese Ruhe muss immer wieder unterbrochen werden im Erwachen durch das Erfahren des Ausgesetztseins, wie sie im Gewecktwerden gemacht wird.

„Man ist ausgesetzt." (On est exposé.) - lautet Lévinas kürzeste Formel für die Teilhabe am Sein.

IV.

Das bedeutet: Wie kein Denken mit sich selbst beginnt und beim Denken seiner selbst stehen bleiben kann, existiert ein Mensch in Wahrheit nur kraft seines Bezugs zum Anderen. In seiner Rede vom „Gesicht des Anderen" (visage l'autre)[1], mit der er

---

[1] Bekannt geworden ist dieser Lévinas' Topos als Rede vom „'Antlitz' des Anderen". Doch diese mögliche Übersetzung birgt die Gefahr einer (theologischen) Überhöhung dessen, was Lévinas

in der Übersetzung „Antlitz des Anderen“ am bekanntesten geworden ist, bezieht Lévinas dieses vorgängige und vorrangige Aufeinanderbezogensein auf die Alltagserfahrung, dass Menschen einander an- und sich dabei ins Gesicht sehen, dass sich im Kind ein Bewusstsein seiner selbst bildet, weil und wenn es von seiner Bezugsperson angesehen wird und sie einander ins Gesicht, konkreter: in die Augen blicken.

Dabei ist sogleich zu beachten, dass Lévinas keine Philosophie der Nächstenliebe entwickelt, die sozusagen als das einzig Denkbare und Lebbare nach der Verabschiedung jeder Metaphysik bzw. nach dem sog. „Tod Gottes“ als ein unbedingt zu rettender Restbestand an verbindlichen Werten übrig bliebe. Er geht auch über Immanuel Kant hinaus, der die Würde und Vernunft des Menschen aus der unabweisbaren Verpflichtung begründet, so zu handeln, dass sein Handeln stets einen für alle Menschen gültigen Handlungsmaßstab abgibt („Kategorischer Imperativ“), und der **Gott**, um den unhintergehbaren Verpflichtungscharakter der vernünftigen Gebote und Gesetze und damit das moralische Handeln überhaupt sicherzustellen, als guten Gebieter und Gesetzgeber postuliert. Vielmehr geht es Lévinas auch mit der Rede vom „Gesicht des Anderen“ entscheidend darum, eine Verbundenheit und eine Verbindlichkeit zu artikulieren, die dem menschlichen Dasein ganz und gar voraus liegen und worin sie, indem sie den Menschen unbedingt angehen, den Menschen zum Menschen machen.

Diese Menschwerdung ist nach Lévinas nicht durch Akzeptanz eines allgemeinen, vernunftbegründeten Sittengesetzes möglich, sondern ergibt sich einzig aus der personalen Begegnung: dass ein Ich das andere ansieht und dadurch im passiven Angesehenwerden einerseits und dem aktiven Ansehen andererseits aus beiden Beteiligten wechselseitig ein Ich und ein Du wird. Werde ich angesehen und genieße ich Ansehen, werde ich zu einem Du und damit zu einem Ich - und umgekehrt wird aus dem Ich, das mich ansieht, ein Du, worin es sein Ichsein entdeckt. Aufgrund eines anderen Ich, das mich zum Du macht, werde ich ein Ich - und nur wer „Du“ sagen kann, kann auch wirklich „Ich“ sagen - und umgekehrt. In diesem verbundenen Gegenüber entsteht eine Nähe, die die Fremdheit achtet, statt sie aufzuheben. Die Fremdheit bleibt, weil, recht verstanden, ein Mensch dem anderen entzogen bleibt und keiner über den Anderen wirklich verfügen kann und darf; so bleiben, das ist jedenfalls Lévinas’ Intention, beide in ihrer Besonderheit, Einmaligkeit, Würde und Freiheit bewahrt.

---

geradezu körperlich-sinnlich meint; insofern wähle ich die Übersetzung ‚Gesicht‘, es sei denn, ich will einen Übergang zum Theologisch-Spirituellen hin andeuten.

Kurzum: Ein Ich bildet sich am anderen Ich zum Du und wird so wirklich zu einem Selbst! In diesem Sinn kann man sagen: Ich bin der Andere - und umgekehrt: der Andere ist ich. So sind wir einander unser „Jenseitiges", unsere „Transzendenz". Jedoch bleibt diese Beziehung jeweils „a-symmetrisch": der Andere, so sagt Lévinas, „lädt mich vor", ich bin seine „Geisel", ihm „ausgesetzt" und vor ihm wie „entblößt". Dieses Geschehen verdichtet sich in der Liebe, zu der die „Nacktheit" gehört, die inmitten aller Sinnenfreude und körperlichem Zueinanderdrängen immer auch Schutzlosigkeit und Ausgeliefertsein bedeutet. Dass dieses Ausgesetztsein nicht ausgenutzt wird, dass du dich schwach zeigen kannst, ohne gewalttätige Stärke zu provozieren - das eben ist Liebe (nach Theodor W. Adorno). Für sie nehmen wir uns - sicher nicht nur, aber doch besonders häufig - in der Nacht Zeit und Schlafverzicht in Kauf. Und wer sich jenes Ausgesetzt- und darin seines unbedingt Inanspruchgenommenseins bewusst werden oder wer es nur unreflektiert erleben will, blicke in die Augen eines Kindes und setze sich den Blicken aus Kinderaugen aus! Wer das tut, versteht, wenn Lévinas sagt: Die „Intrige des Seins" hat uns miteinander „verstrickt".

Lévinas betont immer wieder, dass der Andere mir gebietet: „Du sollst nicht töten!" Einen Menschen töten kann nur, wer ihn nicht wirklich an- oder ganz von ihm wegschaut. Der verleugnet und entzieht sich damit aber seinen eigenen Lebensgrund. Das „Gesicht des Anderen" ist ebenso grundlos wie unbedingt die eigene Lebensgrundlage. In dieser Grundlosigkeit und Unbedingtheit fällt - und jetzt scheint mir diese Übersetzung angemessener - im „Antlitz des Anderen" gleichsam Gott in mein Leben ein: jener grundlose, im Sein selbst nicht enthaltene Grund allen Seins. Der Blick, der mich vom „Antlitz des Anderen" her trifft, schreibt in mich ein, was nicht in mir enthalten ist, kraft dessen ich aber zu Selbstbewusstsein gelange.

So sind, theologisch gesprochen, die Liebe zu Gott und die Liebe zum Nächsten, ausgedrückt im „Doppelgebot der Liebe", ganz und gar ineinander verwoben, ohne dass Gott in der Nächstenliebe aufginge. Gerade in ihrer Verbindung tritt die grundlegende Verbindlichkeit, die dem menschlichen Dasein vorausliegt und es immer wieder grundlegt, ans Licht. Das wiederum bedeutet: zum Menschsein gehört, immer wieder anfangen zu können, beginnend beim Gewecktwerden und Erwachen, auf der positiven Seite der SCHLAFLOSIGKEIT. Lévinas kann das auch so ausdrücken: „Ich definiere den Anderen nicht durch die Zukunft, sondern die Zukunft durch den Anderen." Denn der Andere kommt immer wieder auf mich zu, er bereitet mir meinen Advent, ist in Zuspruch und Anspruch mir ein messianisches Intermezzo.

Mit ganz anderen Worten: Freiheit jenseits aller Selbstgenügsamkeit; Freiheit als Verantwortung ganz aus dem Antworten auf ein vorgängiges und vorrangiges Angesprochen- und Inanspruchgenommensein; Verantwortung, in der ich mich von niemandem vertreten lassen kann; Verantwortung aber, die mich im Anderen so verortet, dass ich zu seinem Stellvertreter werde - und sei es, dass ich dabei meinen eigenen Platz verliere, exiliert und deportiert werde; Ich selbst also: geöffnet auf den Anderen hin, der nicht in mir enthalten ist. Dabei fällt mir ein Wort von Ernst Bloch ein, das ich mit eigenen Worten erweitere: ‚Ich bin. Aber ich habe mich nicht. Also werden *wir* erst. Darum hoffe ich noch. Und bleibe wach, bis das Morgenlicht einen ganz neuen Tag ankündigt.' „Er weckt mich alle Morgen..." (EG 452).

V.

An dieser Stelle breche ich meinen Annäherungsversuch an das Denken des Emmanuel Lévinas, das mir wundervolle schlaflose Stunden gebracht hat, ab und schließe mit einer Frage, einer Vermutung und zwei letzten Zitaten:

Wird es mir gelingen, die Phasen meiner SCHLAFLOSIGKEIT, d. h. sowohl des Träumens als auch des plötzlichen Erwachens und Wachbleibens, mit meinem Bedürfnis nach Ruhe auszubalancieren? Es wäre vielleicht ein Schritt auf dem Weg, kraft des Blickes, den der Andere auf mich richtet, von dessen Antlitz her *mein* Gesicht zu entdecken und dabei dem Anderen *sein* Gesicht zu lassen als das, was mir radikal gegenüber, für mich unfasslich, also ganz anders ist und bleibt: nah und fern zugleich, d. h. auch: in seiner Entzogenheit nah und in seiner Nähe entzogen: „heilig" - und wodurch Gott in mein Wahrnehmen, Denken und Handeln einfällt. In diesem Sinn zitiere ich Lévinas aus einem Gespräch über seine Talmud-Vorlesungen:

„'Liebe deinen Nächsten; dies alles bist du selbst; dieses Werk bist du selbst; diese Liebe bist du selbst.' ... Die Bibel, das ist die Priorität des Anderen im Verhältnis zu mir. Und in den Anderen sehe ich immer die Witwe und die Waise. Immer gehen die Anderen vor." Etwas später fügt Lévinas hinzu: „Einzig ein verletzliches Ich kann seinen Nächsten lieben."

* * *

SCHMERZ - Theologische Aspekte
Konferenz der Seelsorgenden in Altenheimen
der Ev.-luth. Landeskirche Hannovers – Springe - 14.09.2009

Aus meinen großen Schmerzen / Mach ich die kleinen Lieder; / Die heben ihr klingend Gefieder / Und flattern nach ihrem Herzen. - Sie fanden den Weg zur Trauten, / Doch kommen sie wieder und klagen, / Und klagen, und wollen nicht sagen, / Was sie im Herzen schauten.

Heinrich Heine,[1] ewig verliebt in die Liebe, über seinen Liebesschmerz. Der sich ins Maßlose steigert, als er die letzten acht langen Jahre seines Lebens, von Ende Mai 1848 bis zu seinem Tod am 17. Februar 1856, als ein Schmerzensmann in seiner »Matratzengruft« sein Dasein fristet: von Kopf bis Fuß in sich verkrümmt, ausgezehrt, mit einer bewusst offen gehaltenen Nackenwunde, in die schmerzlinderndes Morphin geträufelt wird.

SCHMERZ - THEOLOGISCHE ASPEKTE. Meine Überlegungen zielen auf eine bestimmte Frage: *Wie wird der Schmerz des Menschen zum Schmerz Gottes?* Aus dieser Fragestellung ergeben sich drei Abschnitte: 1. Annäherungen...an den Schmerz des Menschen, 2. Andeutungen...zum Schmerz Gottes, 3. Ein Licht in der Nacht.

1. Annäherungen...an den Schmerz des Menschen:

1.1 Ist das der Schmerz?

Wenn Ihnen oder mir jetzt etwas wehtut, dann geht es uns nicht alleine so. Denn schätzungsweise haben zu jedem Zeitpunkt etwa 20% aller Menschen Schmerzen, die schon mindestens 3 Monate lang dauern. Schmerzen sind einer der häufigsten Gründe für einen Arztbesuch, und befürchtete unerträgliche Schmerzen sind im Alter ein wesentliches Element von Sterbeangst. Dieser Sachverhalt und überhaupt die Zunahme chronischer Schmerzen ist umso erstaunlicher, als es noch niemals in der Menschheitsgeschichte so viele und so wirksame Schmerzmittel - Analgetica - gab.

Dieser Ausdruck kommt aus dem griechischen Grundwort für Schmerz: álgos.[2] Im Lateinischen heißt er dolor. Ist es Zufall, dass das Wort für Betrug, Hinterlist, Täuschung ähnlich klingt: dolus? Aus dolor leiten sich douleur (französisch) und dolore (italienisch) ab. Das deutsche Wort Schmerz hat eine indogermanische Wurzel, die sich gut im Griechischen smerdaléos / grässlich, aufreibend erkennen lässt und im Germanischen etwas mit scharfsein, beißen, scheuern zu tun hat: smärzan. Darin wiederum klingt das Lateinische mordeo / ich beiße an, und schon sind wir bei morden; auf smärzan / mordere etymologisch bezogen ist auch das Englische smart, das so etwas wie schneidig heißt. Damit wird die körperliche Seite des Schmerzes hervorgehoben. Eine psychische und moralische Seite kommt ins Spiel mit dem weltweit am gebräuchlichsten englischen pain. Es leitet sich nämlich ab von lateinisch poena / Strafe, Buße. Im Jahr 1974 wurde unter Verwendung dieses Wortes die »**I**nternational **A**ssociation for the **S**tudy of **P**ain« (IASP) gegründet, zu der die »Deutsche Gesellschaft zum Studium des Schmerzes« gehört. Aus dem Plattdeutschen kenne ich pain als pien; in einigen ländlichen Gegenden unserer Landeskirche sagt

[1] Heinrich Heine (*13.12.1797 [?] in Düsseldorf, +17.02.1857 in Paris [3, avenue Matignon]).

[2] Das Griechische kennt zwei weitere Ausdrücke für Schmerz: odýnä, lýpä.

man aber auch harm oder keel, was sich dann wieder mehr auf den körperlichen Aspekt bezieht.

Der Pschyrembel definiert Schmerz als *...komplexe Sinneswahrnehmung unterschiedlicher Qualität..., die i. d. R. durch Störung des Wohlbefindens als wichtiges Symptom von Bedeutung ist und in chronischer Form einen eigenständigen Krankheitswert erlangt.*[1]

An dieser Definition wird klar, warum ich der Abschnittsüberschrift die Frageform gegeben habe. Denn mit dem Satz im Pschyrembel kommt eine Unterscheidung ins Spiel: die zwischen chronischen und akuten Schmerzen. Doch schon diese einfache Unterscheidung ist komplex: Es kann für *chronische* Schmerzen medizinisch klar diagnostizierbare körperliche Ursachen geben, sie können aber auch dann andauern, wenn das erkrankte und schmerzende Körperteil oder -organ entweder wieder gesund oder aufgrund einer Amputation gar nicht mehr vorhanden ist: die Phantomschmerzen. Bei *akuten* Schmerzen ist das Phänomen zu beobachten, dass kleinste Verletzungen Anlass für unverständlich heftige Schmerzen sein können. Es gibt sogar *spontane* Schmerzen ohne erkennbare Ursachen. Daraus folgert der amerikanisch-kanadische „Schmerzpapst“ Ronald Melzack[2], dass die Schmerzursachen häufig nicht nur auf die Schädigung peripherer Nerven, z. B. Reizungen oder Verletzungen der Haut, zurückzuführen, sondern verwickeltere Zusammenhänge zu berücksichtigen sind.

Schmerzen sind, darauf macht Ronald Melzack ebenfalls aufmerksam, in der Regel ein Signal für Erkrankungen des Gewebes, der Knochen oder der Organe, manche Erkrankungen aber verursachen *keine* Schmerzen (z. B. bestimmte Krebsarten); Letztere sind, weil aufgrund fehlender Schmerzanzeichen erst spät feststellbar, besonders gefährlich. Ganz besonders vielen Krankheiten ausgesetzt, den Unbillen des Lebens schutzlos ausgeliefert und ständig aktuell lebensbedroht sind Menschen, die an

---

[1] Pschyrembel. Klinisches Wörterbuch, Berlin 1993[257], S. 176

[2] Ronald Melzack: Das Rätsel des Schmerzes, Stuttgart 1978, bes. Kap. 1 (folg. Zitat S. 15). - Der schriftlichen Vortragsfassung war ein Literaturverzeichnis mit etwa 50 Titeln beigegeben. Da dieses hier aus Raumgründen unmöglich ist, seien über die in den Anmerkungen ohnehin erwähnten noch folgende Namen aus den Bereichen Medizin, Philosophie, Theologie, Psychologie und Literaturwissenschaft für eigene Nachforschungen genannt: Theodor W. Adorno, Eugen Blume, Matthias Bormuth, Klaus Briegleb, Frans J. J. Butendijk, David S. Butler, Ulrich T. Egle, Dietrich von Engelhardt, Katrin Greifeld, Reimer Gronemeyer, Christian Grüny, Wilfried Härle, Adolf von Harnack, Hans Jonas, Wilhelm Kamlah, Isolde Karle, Manfred Karnetzki, Kazoh Kitamori, Traugott Koch, Ulrich H. J. Körtner, Henning Kössler, Andreas Kruse, Joseph A. Kruse, Emmanuel Lévinas, Clive S. Lewis, Burkhard Liebsch, Henning Luther, Frank Nager, Helmuth Plessner, Hans-Martin Rieger, Georg Schönbächler, Dorothee Sölle, Susan Sontag, Fulbert Steffensky, Bernhard Waldenfels, Wolfgang Weiß, Maria Wolf, Hans-Walter Wolff.

Analgesie leiden, also überhaupt keine Schmerzen empfinden können, weder durch Fremd- oder durch Selbsteinwirkung verursachte. Spätestens an ihnen bestätigt sich *eine* Wahrheit über den Schmerz: er sei, wie es in der Antike ausgedrückt wurde, der „bellende Wachhund der Gesundheit". Schon diese bildhafte Formulierung führt zu einer grundlegenden Unterscheidung, die niemals zu einer Scheidung hätte werden dürfen: Neben dem *physischen* gibt es den *psychischen* Schmerz. Dass Körper und Geist zusammen durchs Leben gehen, dass es kein Bewusstsein ohne Leiblichkeit gibt, ist nicht zuletzt an der offenen Frage zu erkennen, wie denn eine äußere Verletzung ein inneres Schmerzempfinden bewirken kann und wie bzw. warum ein psychisches Leiden ein physisches Leiden hervorrufen kann, um nur zwei von vielen Möglichkeiten höchst verwickelter Beziehungen und Zusammenhänge anzudeuten.

Laut Ronald Melzack *repräsentieren...einerseits die Schmerzunempfindlichkeit trotz vorhandener Verletzung, andererseits der spontane Schmerz bei fehlendem schädigendem Reiz...die beiden Extreme des gesamten Spektrums der Schmerzerscheinungen*. So ist der Schmerz nicht nur ein Problem, sondern ein Geheimnis. Auf jeden Fall ist er immer noch ein medizinisches Rätsel, gibt es doch für ihn weder eine abschließende Definition noch eine wirklich zusammenstimmende physiologische Theorie.

Was sich in unserem Körper, namentlich zwischen unserem Hirn und den anderen Körperregionen über die Nervenbahnen tatsächlich abspielt, wenn wir Schmerzen empfinden, wartet noch darauf, erforscht zu werden. Wie unsere *Nozizeption*, unser Schmerzsinn zustande kommt, scheint erst ganz langsam etwas besser verstanden zu werden. Übrigens lokalisiert schon der antike Arzt Claudius Galen(us), Leibarzt des Kaisers Marc Aurel und auch bei den Christen anerkannt, im 2. Jahrhundert nach Christus das Schmerzzentrum im Hirn.

Da ich jetzt weder auf Forschungsentwicklung noch -theorien oder -stand eingehen kann, weise ich jetzt nur stichwortartig auf die *gate-control-theory* hin, die Ronald Melzack und Patrick Wall entwickelt haben. Danach können die körperlichen und seelischen Prozesse bei Schmerz als eine interagierende dualistische Einheit und damit als multidimensionales Geschehen verstanden werden, das nicht an bestimmte schmerzspezifische Bahnen gebunden und an dem das gesamte Hirn statt nur eines Schmerzzentrums beteiligt ist. Dabei spielen unterschiedlich dicke sensorische Fasern mit hemmenden oder verstärkenden Effekten im Hinterhorn („gate") eine wichtige Rolle.

Melzacks und Walls Forschungen haben wesentlich dazu beigetragen, dass Schmerz nicht länger als rein subjektives Gefühl mehr oder weniger abgetan, sondern als Wahrnehmung und Empfindung ernst genommen wird, wie es auch geschieht in dem Versuch der IASP, Schmerz aufzufassen als unangenehmes Sinnes-

und Gefühlserlebnis, das mit einer aktuellen und potentiellen Gewebeschädigung verknüpft ist oder mit Begriffen einer solchen Schädigung umschrieben wird.

1.1 Wie erleben Menschen den Schmerz?

Ich nehme die Deutung des - unseres - Schmerzerlebens vorweg: *Schmerz ist extrem und paradox.* Ein Beleg für diese These ist schon die Textpassage aus dem Pionierwerk des Straßburger Chirurgen René Leriche, die David B. Morris in seiner überaus lesenswerten »Geschichte des Schmerzes« wiedergibt[1]:

Bei dem leidenden Kranken ist der Schmerz ein Orkan, der sich kaum einordnen lässt, auch wenn er vorüber ist. Von dem Augenblick an, wo er besteht, ist der Kranke außer sich gebracht, außerhalb seiner analytischen Möglichkeiten, wenigstens dann, wenn er sich nicht im Gegenteil ganz auf sein Leiden konzentriert. Und man steht da, unfähig zu verstehen, verstört vor diesem Abgrund, in den man nicht hinabsteigen kann, und versucht, von einer stärkeren Macht getrieben, ohne Erfolg, sich ein Bild zu machen. Man berührt mit der Hand den schmerzhaften Bezirk und ist erstaunt, nichts wahrzunehmen, löst aber dort häufig schreckliche Verschlimmerungen aus.

Soweit René Leriche. Die „Verschlimmerungen", von denen er spricht, werden auf vielfältige Weise be- bzw. umschrieben: Der Schmerz sei brennend, bohrend, pochend, pulsierend, zuckend, ziehend, flackernd, klopfend, an- und abschwellend, heiß, siedend, sengend, dumpf, beengend, drückend, zermürbend, beklemmend sowie vor allem stechend und dann noch vieles andere mehr. Schon diese beliebige Aufzählung weist darauf hin, wie das Schmerzempfinden einen sensorischen, einen affektiven und einen kognitiven Gehalt haben kann.

Zudem wissen wir - was ich ebenfalls aus Zeitgründen hier jetzt nicht mit Beispielen schildern kann, wofür es aber wissenschaftliche Untersuchungen gibt -, dass Schmerz, auch wenn er sich eindeutig feststellbar auf dieselben Körperprozesse bezieht, wie z. B. der Geburtsschmerz oder Amputationen, in unterschiedlichen Situationen und unterschiedlichen kulturellen und religiösen Zusammenhängen völlig unterschiedlich empfunden und gedeutet wird: Wo die einen Schmerz empfinden, empfinden die anderen ihn gerade nicht. Wo die einen Schmerz für unzumutbar halten, halten die anderen ihn gerade für selbstverständlich und seine Hinnahme, wenn er denn überhaupt als unangenehm empfunden wird, für fraglos geboten. Die oft äußerst schmerzhaften Initiationsriten deuten darauf hin, dass die volle Hineinnahme in die Gesellschaft bedeutet: Annahme der und Aufnahme in die Kultur ihres Umgangs mit Schmerzen.

---

[1] David B. Morris: Geschichte des Schmerzes, S. 45

Was Schmerz ist, scheint eine soziokulturelle Zuschreibung zu sein. Auf jeden Fall ist er eine komplexe Empfindung, deren Wesen nicht nur von der Intensität des Reizes bestimmt wird, sondern abhängt von der Situation, in der er erfahren wird; zu dieser Situation gehört auch die affektive und emotionale Gesamtgestimmtheit eines Menschen. Um es an einem extremen Beispiel zu verdeutlichen: Der Schmerz aufgrund von Gewalt und Folter ist ein anderer als der Zahnschmerz und dieser wieder ein anderer als der post-operative Schmerz, der sich deutlich unterscheidet von den Gelenkschmerzen, den Schluckbeschwerden und der Atemnot eines hochbetagten und - ein schreckliches Wort - multimorbiden Menschen in einem Pflegebett.

Zu beachten bleibt freilich, dass alle diese Schmerzen Anlass und Ausgangspunkt für einen metaphysischen Schmerz, für einen Schmerz am Sein selbst sein können.

1.3 Schmerz in der westeuropäischen Kultur

Auch in unserer westlichen Kultur differieren die Schmerzwahrnehmungen voneinander. Gleichwohl hat der Schmerz seine Fraglosigkeit längst und allerorten verloren. Das sog. christliche Abendland ist von einem paradoxen Umgang mit dem Schmerz gekennzeichnet. In dieser Paradoxie ist, so behaupte ich, der *Schmerz ein wesentlicher Motor unserer Kultur.* Einerseits wurden in Form religiöser Deutungen und Rituale Strategien der Hinnahme des Schmerzes und seiner bewussten Hineinnahme ins private und soziale Leben entwickelt. Andererseits wurden alle Anstrengungen unternommen, den Schmerz zu lindern, mehr noch: ihn möglichst ganz zu beseitigen. Aus meiner Sicht gilt für unsere Kultur: *Auch wo ein Schmerz in Kauf genommen, bejaht oder sogar erwünscht wird, soll er letztlich nicht sein.*

Diese Paradoxie scheint sich in Richtung auf radikale Schmerzbekämpfung (Anästhetik) hin aufzulösen, seit im Oktober 1846 in England die erste Operation unter Äthernarkose stattfand, seit der Edinburgher Professor für Geburtshilfe James Young Simpson am 19. Januar 1847 Äther bei einer Entbindung einsetzte und vor allem seit am 7. April 1853 John Snow erfolgreich die Queen Victoria anästhesierte, um sie ihres 4. Kindes zu entbinden. Diese Anästhesierungen wurden heftig kritisiert mit dem Argument, es sei ja nicht die Schmerzursache beseitigt, der Schmerz sei immer noch da, er werde nur nicht bewusst empfunden.

Aber dieses Vorgehen war insgesamt doch überzeugender, als einen Menschen mit mehreren anderen festzuhalten, ihn anzubinden, ihn mit Unmengen Alkohol schmerzunempfindlich zu machen oder ihn auf einen Ring oder Stab (siehe Bild auf S. 3) beißen und bei alledem einfach stöhnen, wimmern, winseln und wie ein brünftiges oder waidwundes Tier schreien und brüllen zu lassen. Nun ja, der Mensch ist ein Tier. Aber es gibt eben kein schmerzfähiges Tier, dessen Schmerzensschrei weniger ausdrückt als das, was sich die allermeisten Menschen wünschen: Schmerz soll mit allen Mitteln aufhören. Er soll weg, sofort, für immer.

Im Schmerzempfinden ist der Mensch ganz Natur, die ihre Kultur vergisst. Er ist es noch mehr als in der sexuellen Wollust, die auf Wiederholung in, obwohl auch sie exzessiv und bestialisch sein kann, geregelten Formen drängt, wo Schmerz nach seinem Ende und seiner Vermeidung verlangt. Über Lust und Unlust können wir noch in einer relativen Autonomie selbst walten. Der Schmerz aber kann so wild sein, dass er unsere Lebenslust kontaminiert. Das geschieht wohl auch dann, wenn jemand - in auto-agressiver oder sado-masochistischer Weise - Lust nur noch durch Schmerzzufügung meint erleben zu können. Doch selbst diese Lust, wenn sie denn wirklich eine ist, kennt eine Pause, der chronische Schmerz aber bohrt und brennt weiter. Dann haben den Schmerz nicht wir, der Schmerz hat dann uns.

In alledem und weil im Grunde jeder Schmerz Anlass und Ausgangspunkt für einen metaphysischen Schmerz, für einen Schmerz am Sein selbst sein kann, wird die existentielle Dimension des Schmerzes überdeutlich. Die metaphysische und zugleich existentielle Dimension des Schmerzes liegt gerade darin, dass er als physische Negation empfunden werden kann, als der Tod, der mitten hinein ins Leben greift. Gerade deshalb verlangt er nach einer Deutung: Warum diese Schmerzen? Warum gerade ich? Wird keine Deutung gefunden, kommt zum physischen der metaphysische Schmerz. Und so legt, um eine geglückte Formulierung von Elaine Scarry zu gebrauchen, der Schmerz die „Chiffren unserer Verletzlichkeit" frei, und zwar in radikalster Weise: Während der Tod Abwesenheit bedeutet, ist der Schmerz durch Gegenwart ausgezeichnet. Elaine Scarry schließt daraus, Schmerz sei die *fühl- und empfindbare Entsprechung dessen, was im Tod nicht empfindbar ist.*[1]

Tod und Schmerz gibt es nur, weil es den Körper gibt. Beide zerstören die Gehalte des Bewusstseins: der Tod durch das vollständige Aufhören der körperlich strukturierten Manifestation eines Selbst, die das Ende jeden Empfindens bedeutet, der Schmerz als bis ins Groteske reichende Übersteigerung des Empfindens, die den Menschen nur noch Körper sein lässt.

Das gilt paradigmatisch von dem Schmerz, den derzeit etwa 1 Milliarde Menschen, also ein Siebtel der Erdbevölkerung und unter ihnen vor allem Kinder, erleiden: der Schmerz, den der Hunger erzeugt. Über den Schmerz kann der Hunger in den Wahnsinn treiben - und in den Tod! Was im Übrigen offenlegt, wie der Schmerz unbedingt politisch ist!

---

[1] Elaine Scarry: Der Körper im Schmerz, Frankfurt/M. 1992, S. 49

Wie der Tod *gegen* den Körper manifestiert sich der Schmerz *im* Körper. Ein Körper aber ist das, ein Leib, der sein Selbst verliert und am Ende als leere Hülle übrigbleibt. Denn im Schmerz löst sich, wenn da nur noch Schmerz, ungehinderter, ungelinderter Schmerz ist, das Selbst auf. Also ist der Schmerz das schlechthin Inkommensurable. Der Schmerz lässt uns ja keine Wahl. Entweder tritt er ein, ohne anzuklopfen, oder er steigert sich bis zum Ausnahmezustand, bis zu orgiastischer Ekstase und perversem Exzess. Wie auch immer, er wirbelt alles durcheinander, versetzt das ordentlichste Leben ins Chaos und verletzt unsere Integrität. Er hat noch immer eine Sprache, die zwischen Beschwörung und Offenbarung pendeln kann: Krämpfe, Tränen, Stöhnen, Schluchzen, Schreie, auch darin dem Orgiastischen nicht unähnlich. Und er ist doch, was oft am Ende steht, atemloses Schweigen. So, als zerstörte Erfahrung, zerstört der Schmerz die Sprache aber auch: das Wimmern und Schreien versetzt uns in einen Zustand, bevor wir sprechen lernten. Insofern Sprache Erfahrung aufbewahrt und verdichtet, wird damit auch sie als lebenserhaltendes und Zukunft eröffnendes Kontinuum zerstört.

Das *Regime des Schmerzes* zwingt alle Sinne und alles Sinnen ins bloße Jetzt. Eine derart pure Gegenwart aber macht zukunftsarm, denn sie lässt das ganze Leben auf einen Punkt zusammenschmelzen - und das ist, lässt er sich nicht beseitigen, der Schmerz, die Kernschmelze des Ich. Kein Weg wird mehr als Weg erkannt; der Kosmos verliert sein Licht; der Tag wird zur Nacht, ohne dass sich noch ein Dämmerschein in die Nacht hineinschöbe. Das ist umso schlimmer, als ein Mensch dabei wohl den Verstand und die Zukunft verlieren kann, aber nicht das Gedächtnis. So hat die Schmerzstrahlung - anders als die radioaktive - eigentlich keine Zerfallszeit. Denn selbst wenn der Schmerz aufhörte, hätte er sich im Gedächtnis tief eingegraben. Er könnte nur verwandelt werden - verwandelt werden dadurch, dass er mit gleicher Macht, in der er ins Exil des Jetzt hineintreibt, nach seinem Ende, seinem Abbruch verlangt. Doch selbst dann könnte kein Erwachen ihn ganz aus dem Gedächtnis tilgen.

Neurologische Untersuchungen haben ergeben, dass der Mensch ein *Leibgedächtnis hat. Der Leib entwickelt ein Gedächtnis seiner Verletzbarkeit...Da Schmerzen sich dem Leibgedächtnis einschreiben, sind sie schließlich nicht mehr an faktische Verletzungen oder Schädigungen des Körpers gebunden. Phantomschmerzen...belegen besonders eindrucksvoll die Existenz eines autonomen leib-räumlichen Schmerzgedächtnisses.*[1]

Selbst Verletzungen und Wunden, die *vor* der Amputation eines Körperglieds an diesem vorhanden waren, können noch *nach* der Amputation als Schmerz empfun-

[1] Thomas Fuchs: Schmerz und Gedächtnis, Journal Phänomenologie 19 / 2003, S. 17; folg. Zit. S. 20

den werden. Dass sich der Schmerz in das Leibgedächtnis inkorporiert, gilt in besonderer Weise für Traumatisierungen durch Gewalt und Missbrauch. Diese Ereignisse bleiben Fremdkörper, sie lassen sich nicht wirklich aneignen und in einen Sinnzusammenhang integrieren, umso mehr wird das Erlittene in der *Reaktivierung der traumatisch eingeprägten Engramme* immer wieder wiederholt. *Während sich das Entsetzliche der symbolischen, sinnhaften Enkodierung in der Erinnerung verweigert, prägt es sich umso tiefer den impliziten, leiblichen und bildhaften Gedächtnisformen ein. ... So durchlebt das Opfer immer wieder...Fragmente von intensiven Bildern und Gefühlen des Schreckens. Zugleich reinszeniert es selbst das Trauma in zwanghaften Iterationen, durch sein Verhalten gegenüber anderen oder auch im kindlichen Spiel.*

Nun, darin könnte sich die andere Seite der Schmerzparadoxie andeuten. Vorerst muss ich freilich feststellen: Auch wenn jeder schmerzfähige Mensch den Schmerz kennt, ist der Schmerz nicht wirklich mitteilbar, weil nichts individueller ist als der Schmerz, der doch gleichzeitig so allgemein ist. Aber das ist es ja gerade: Für den, der Schmerzen hat, sind diese das jetzt Gewisseste. Schmerzen zu haben, ist in diesem Sinn das plausibelste Indiz dafür, was es heißt, »Gewissheit« zu haben.[1] Doch für den, der keine Schmerzen hat, kann die Rede vom Schmerz als Paradebeispiel für Zweifel gelten.[2]

Das macht es Ärzten ja so schwer, Grund und Ursache von Schmerzen herauszufinden. „Herr Doktor, ich habe solche Schmerzen!" „Dann zeigen Sie mir doch mal die Stelle, wo es wehtut!" Schon beginnt das Suchen, und wir wissen aus der Orthopädie und der Physiotherapie, dass die Schmerzursache zumeist an einer anderen Körperstelle liegt. Wenn aber der Schmerz psychisch bedingt ist, kann man unzählige Schmerzpunkte finden, müsste aber ganz woanders suchen, um etwas gegen den Schmerz unternehmen zu können. Nicht erst, aber spätestens dann wird der Schmerz zu etwas ungeheuer Fremdem, das doch das Ureigenste ist. Denn starke Schmerzen zu haben, bedeutet, in allem Chaos eine Gewissheit zu haben! Mit anderen Worten: Der Schmerz dissoziiert die Wahrheit und das Glück, deren Band ohnehin porös und wenig reißfest ist, vollkommen. Er betrifft alle und zwingt alle unter sein Joch. Dadurch subjektiviert er radikal und könnte so zu einer eigenen Sprache verhelfen, seine Wildheit aber macht alles Verstehen und alle Verständigung *erst einmal* zunichte.

---

[1] Rückt damit der Schmerz neben den Glauben, dessen Wesen vertrauende Gewissheit ist? Dann wäre zugleich ein Unterschied zu bedenken: Während der Glaube immer auch angefochten und bezweifelbar bleibt, worauf er sich richtet und woran er sich festmacht, ist der Schmerz für den, der ihn erleidet, schlechthin evident.

[2] Vgl. Elaine Scarry: Der Körper im Schmerz, Frankfurt/M. 1992, S. 12

So verursacht der Schmerz eine *Sprachnot, aus der Verständigungsnot entsteht*[1]. Und auf einmal stellen wir fest, wir sind der Welt eigentlich nicht gewachsen. Wir können uns nicht wirklich verstehen und verständlich machen. Wir sind nicht die Aktiven, sondern die Passiven. Wir sind pathische Existenzen. Hieße genau darum, den Schmerz ganz abzuschaffen, den Menschen in seiner Menschlichkeit abzuschaffen?[2] Auf jeden Fall hat die vom Schmerz induzierte Erfahrung, in der Welt fremd zu sein, ein ontologisches Gewicht: Wir erfahren die Grenzen der eigenen Welt.

Elaine Scarry nennt einen möglichen Grund für die Sprachnot, den ich für besonders beachtenswert halte: Normalerweise sprechen Menschen von etwas, das auch ihre Kommunikationspartner in irgendeiner Wiese beobachten. Im Blick auf Schmerzen aber äußert sich ein Individuum über etwas, das nur das Individuum für sich auf eine bestimmte Weise hat und so niemand sonst, wenn nicht gar der Schmerz aus einem Menschen von diesem unbeabsichtigt und unartikuliert ‚herausschreit'. Wo selbst noch persönliche Gefühle *Gefühle von* oder *für* etwas sind, hat der innere Zustand Schmerz keinen Referenten. Der Sprache des Schmerzes fehlt also das Objekt, sie widersetzt sich jeder sprachlichen Verobjektivierung.[3]

1.4 Schmerz und Gewalt

Doch eine pathische Existenz zu sein, das bereitet uns Menschen größte Schmerzen. Solchen Schmerz hinzunehmen, fällt so unendlich viel schwerer, als ihn anderen zuzufügen. Darauf hat wieder Elaine Scarry aufmerksam gemacht, indem sie zur Geltung bringt, dass unermesslich viele Schmerzen ihren Ursprung in der Gewalt, namentlich in der Folter haben. Der „Körper im Schmerz", so der Titel ihres Buches, das ist der Körper, der sich einer Einwirkung von außen ausgesetzt sieht: der stechende Schmerz, der einfach ins Fleisch dringt und schneidet. Diese Metapher deutet auf Waffengewalt hin und auf Verwundung, ob sie nun von außen oder von innen kommt. Damit wird der Schmerz in die Nähe der Folter gerückt, zu der ich auch die Vergewaltigung rechne. Er kann ja selbst wie eine Folter sein und ist allemal ein Ausgesetztsein, eine Wehrlosigkeit.

In der politischen Folter geschieht noch mehr: Im Verhör, das selbst schon Gewalt und mit körperlicher Gewalt verbunden, also potenzierte Gewalt ist, wird der Schmerz der gefolterten Person zur Fiktion absoluter Macht noch einmal pervertiert. Das ist Negation, die pure Negativität des Negativen, wie sie radikaler weder

---

[1] Siegfried Lenz: Über den Schmerz, München 2000, S. 13

[2] Vgl. dazu die Paradoxie, die David B. Morris: Geschichte des Schmerzes, S. 188-194, feststellt!

[3] Ist darin möglicherweise das Sprechen vom bzw. aus Schmerz unserem Sprechen von Gott ganz nahe?

gedacht noch sonst erlebt werden kann. Sie beginnt im erzwungenen, abgepressten Geständnis: Im wahrheitswidrigen „Gestehen" verrät der bzw. die Gefolterte sich selbst und anerkennt die Auflösung der eigenen Welt. So muss der bzw. die Gefolterte die Zerstörung des Selbst *selbst* vollziehen. Wer so gefoltert wurde, muss gar nicht mehr getötet werden. Für die Überlebenden der Folter, so erinnere ich mich an einen Satz von Jean Améry aus einem Fernsehgespräch in den 70er Jahren, ist es nie mehr möglich, sich irgendwo auf der Welt heimisch, sicher und vertraut zu fühlen. Das Fremde ist in den eigenen Körper so tief eingedrungen, dass jedes Weltvertrauen irreversibel erschüttert ist. In Deutschland, wo, frei nach Paul Celan, *der Tod ein Meister* war, haben die Nazis, die die Folterei perfekt beherrschten und betrieben, millionenfach Menschen, das im Fleisch inkarnierte Wort, in Asche und Rauch aufgelöst. *...dein aschenes Haar, Sulamith* (Paul Celan). Schmerz, der über alle Schmerzen geht.

Wenn wir über den Schmerz sprechen, dürfen wir *diesen* Schmerz niemals vergessen - diesen gewaltigsten und gewalttätigsten aller Schmerzen, dessen Ursache eine organisierte, eliminatorische Inhumanität unvorstellbaren Ausmaßes war. Denn er steht in unserer Geschichte wie der »Pfahl im Fleisch«, er zeugt von der Hölle auf Erden. Darum hält er auch die Überlebenden in einer ungeheuren Sprachnot gefangen, wird doch durch ihr Bezeugen und Berichten der ganze ihnen zugefügte Schmerz gegenwärtig. Das ist, vermute ich, der Grund dafür, dass viele Betroffene, die entronnenen Opfer, einfach nicht darüber sprechen können. Und das lässt uns alle teilhaben an dem Schmerz, der uns umso sprachloser macht, je weniger wir ihn vergessen und verschweigen dürfen. Andernfalls könnte es sein, dass auch wir zu Tätern werden. Wer - wie und wann auch immer - überlebt, ist niemals ein Davongekommener!

In der seelsorglichen Begegnung (nicht nur, aber vor allem auch) mit Älteren werden wir auf viele durch Krieg, Vertreibung, Flucht oder andere ihnen angetane Gewalt traumatisierte Menschen treffen.

1.5 Leben, das im Schmerz erahnbar wird

Wenn nicht längst schon andere Schmerzen, zeigen uns spätestens und erst Recht die in Gewalt, Folter und im Holocaust zugefügten, dass der Schmerz, jedenfalls weder der Schmerz an sich noch - das wäre ganz unmöglich - der von Menschen an Menschen verursachte, keinen Sinn hat. Der Schmerz hat keinen Sinn. Aber heißt das, er wäre sinnlos? In seinem Essay „Über den Schmerz" schreibt Siegfried Lenz:

Abgeneigt, jedem...Ereignis einen Sinn zu unterlegen, ...argwöhnisch gegen einen feierlichen Irrationalismus, der vom Adel des Leidens spricht, möchte ich lediglich sagen, dass der Schmerz naturgegeben ist. Er ist ein Seinsereignis, das zum Menschen gehört, und je länger wir über ihn nachdenken, desto entschiedener rät uns die Vernunft, ihn nicht allein als Unheil zu betrachten. Wenn wir ihn mit gelassener Aufmerksamkeit bestimmen, zeigt es sich, dass er auch einen Offenbarungscharakter hat: er eröffnet uns nicht nur unsere Ohnmacht und unsere Verletzlichkeiten, sondern lässt uns auch eine tröstliche Möglichkeit der Existenz erkennen - die Möglichkeit einer Bruderschaft im Schmerz.[1]

Siegfried Lenz legt damit eine Spur zu einem Umgang mit dem Schmerz, der ihn nicht idealisiert, ideologisiert und mystifiziert. Der Schmerz ist und bleibt ein Vorbote des Todes. Er ist Dissoziation, Desintegration und Negativität. Aber er ist es im Leben. Deshalb haftet ihm die Negation der Negation an. Dadurch wird der Schmerz nicht positiv. Keineswegs bekommt er plötzlich einen Sinn. Doch er wird einer Deutung zugänglich, und sei es nur, dass er als niemals ganz zu deutendes Geschehen einen Platz im Leben bekommt. Nach wie vor werden im Schmerz die Welt und das Ich zur Fremde, aber diese Fremde kann als das Eigenste erkannt und angeeignet werden. Aneignung ist hier keine Identifikation, sondern die Erkenntnis dessen, was *zu* einem gehört.

Aber ist denn eine solche *Bruderschaft im Schmerz* überhaupt möglich? Es gehört zur Paradoxie des Schmerzes, dass die Erfahrung äußerster Trennung und Einsamkeit als Folge von Schmerzen Menschen einander nahebringen kann. Der Schmerz kann weder bewiesen noch geleugnet werden, er ist gleichsam intimer Selbstbezug ohne referentielle Bedeutung. Er ist etwas von mir und ist es doch nicht. Er ist eine Art anderes Ich, das gegen mein Ich angeht, eher ein Mich als ein Ich. Das macht, wie schon angedeutet, seine Nichtkommunizierbarkeit aus. Im Widerspruch dazu steht ein *sympathetisches Schmerzerleben* (Thomas Fuchs), das auf dem Leibgedächtnis beruht: Der Schmerz hat sich so tief und unauslöschlich in den eigenen Leib eingebrannt, dass schon an Mimik und Gestik eines anderen Menschen, der Schmerz erleidet, die Tatsache des Schmerzerlebens wahrgenommen wird und so etwas wie Mitgefühl, ja Mitleiden hervorgerufen werden kann. Mehr noch: Die eigenen Schmerzen können zum Gedächtnis des Anderen werden, z. B. des verstorbenen, geliebten oder auf andere Weise nahen Menschen, ja selbst das Leid unbekannter Menschen kann auf diese Weise be- und anrühren und Kräfte der Verbundenheit und tätigen Solidarität erwecken.[2]

So kann ein Ich, weil es sein anderes, sein Nicht-Ich, das eigene Fremde kennt, das Fremde des Anderen, den Anderen als Fremden, der doch dem eigenen Fremden so

---

[1] Siegfried Lenz: Über den Schmerz, München 2000, S. 28f

[2] „Nur was nicht aufhört, wehzutun, bleibt im Gedächtnis." In diesem Sinn hielt Friedrich Nietzsche das Schmerzgedächtnis für die Grundlage von Moral.

nahe steht, affizieren. Das ist die ontische Basis für die Teilnahme am Geschick eines Anderen, ja die Konstitution von Subjektivität vom Anderen her.

Es ist auch, um auf den theologischen Abschnitt vorauszublicken, gleichsam das Feld, in dessen Rahmen und Raum glaubende Menschen am Geschick Jesu teilnehmen und dieses als Werk „extra nos" und „pro nobis" sich zueignen lassen können.

Die destruktiven und die konstruktiven Seiten des Schmerzes lassen sich nicht gegeneinander aufrechnen. Gleichwohl bleibt festzuhalten, dass große Denker - wie, um nur einige zu nennen, Kant mit seinen Kopfschmerzen und seinem Gichtleiden, Schleiermacher mit seinem verwachsenen Rücken, Nietzsche mit seinen Depressionen, Jaspers mit seinem Asthma und Gadamer mit seinen Rückenschmerzen als bleibende Folge einer späten Kinderlähmung - je auf ihre Weise im Schmerz, der ihnen Skandalon, Anstoß blieb, einen Anstoß für ihre Kreativität gesehen haben. Tief beeindrucken mich die Worte des 100-jährigen Hans-Georg Gadamer, der in einer Rede auf einem Symposium der Orthopädischen Universitätsklinik Heidelberg am 11. November 2000, seinen eigenen Lebensweg überdenkend, sinngemäß bekannte: Wir seien im Schmerz und könnten uns nicht von ihm trennen. Schmerz sei aber keine Frage nach der besten Medizin, sondern eine Frage an den Betroffenen selber. So wenig wir mit dem Schmerz fertig werden könnten, so sehr fordere uns der Schmerz doch heraus, ja gebe uns dazu die Chance, mit dem fertig zu werden, was uns aufgegeben sei. Und wörtlich: *Die eigentliche Dimension des Lebens wird im Schmerz erahnbar, wenn man sich nicht überwinden lässt.*[1]

Weil sie Schmerzen zur Genüge, ja im Übermaß kannten, haben Dichter und Denker, Musiker und Maler zu einem hohen Maß an Welt- und Selbsterkenntnis gefunden. Der Schmerz bleibt ein Feind, jedenfalls kann er nie wirklich ein Freund sein, aber er ist auch kein Lügner. Man kann ihn nicht lieben, aber doch annehmen.

Der Schmerz, der im Blick auf unseren tatsächlichen Zustand ohnehin immer die Wahrheit sagt, kann sogar aufklärende Wirkung haben. Er macht nämlich langsam. Mit Schmerzen im Rücken oder in den Beinen muss ich mich voller Bedacht bewegen. Und plötzlich merke ich, in welchem Tempo ich mich befinde. So kann der Schmerz uns den Spiegel vorhalten, dass wir uns vielleicht in keinem anderen Zustand als dem des »rasenden Stillstands« (Paul Virilio) befinden. So kann er mit Macht darauf stoßen, dass Entschleunigung, dass die »Entdeckung der Langsamkeit« (Sten Nadolny) lebensnotwendig ist. Wenn wir es nicht schon vorher am eigenen Leib erfahren haben - die alten Menschen in den Seniorenheimen mit ihren Gebre-

---

[1] Hans-Georg Gadamer: Schmerz, Heidelberg 2003, S. 27

chen und Schmerzen lehren uns genau das, und unsere Aufgabe ist es, die ohnehin schnell dahinfließende Zeit zu gestalten, statt sie verrauschen zu lassen.

In seiner „Geschichte des Schmerzes" hat David B. Morris dargelegt, wie der Schmerz, wird er recht verstanden, eine destruktive Seite, aufgrund der er abzulehnen ist, und eine konstruktive Seite, aufgrund der er angenommen werden sollte, hat. Derzeit, das ist sein Lob und zugleich seine Kritik, hat die moderne Medizin große Erfolge, die destruktive Seite des Schmerzes zurückzudrängen und einzudämmen. Freilich zeige schon die wachsende Zahl chronischer Erkrankungen, dass da etwas aus der Balance geraten und eine Asymmetrie entstanden sei. Eine Medizin, die auf allein biochemischer Grundlage den Schmerz bekämpfen wolle, könne, gerade indem sie sie ganz und gar bannen wolle, die destruktiven Seiten des Schmerzes befördern und uns dabei behindern, bewährte Bewältigungsstrategien anzuwenden. Denn „moderner" Schmerz binde uns umso mehr *ans Fleisch*, je mehr er *uns platziert in den säkularen Kreislauf der medizinischen Wissenschaft.*[1] Der säkulare Geist sei aber so beanspruchend und vereinnahmend, dass die konstruktive Seite des Schmerzes vergessen und der Schmerz zwar immer radikaler bekämpft werde, wodurch aber die Illusion entstünde, er sei endgültig bezwingbar. Eine illusionäre Medizin sei aber eine ideologische Medizin. Gleicherweise werde der Schmerz umso schmerzvoller, je weniger er, der keinen Sinn in sich selbst trage, in einem anderen Rahmen als dem der Medizin und der Biologie gedeutet bzw. mit ihm umgegangen werden könne. Das Ungedeutete wachse mit der Zeit aber zu einer derart übermäßigen Bedeutung empor, dass in ihrer Maßlosigkeit ein Absturz ins Bodenlose vorprogrammiert sei. Mehr noch würde der Zugang zu Einsichten verbaut, die gerade in der Schmerzwahrnehmung zu Tage treten könnten:

Schmerz hat lange als eine Brücke nicht nur zwischen Gesundheit und Krankheit, sondern auch zwischen verschiedenen Wertesystemen gedient. Wenn wir uns in einem normalen Gesundheitszustand befinden, neigen wir häufig (wie Tolstojs Iwan Iljitsch) dazu, den Blick auf den Horizont weltlicher Güter zu richten, so als ob die Welt am Horizont zu Ende sei. Krankheit und Schmerz hingegen stören die tägliche Routine, die unsere Aufmerksamkeit in Anspruch nimmt und uns an die weltlichen Dinge bindet. Plötzlich würde der Geizhals sein halbes Vermögen für einen schmerzfreien Spaziergang oder eine ruhige Nacht geben. Die Prioritäten ändern sich. Wir sehen die Dinge mit anderen Augen. Viele Menschen, die unter chronischen Schmerzen leiden, erleben eine Verschiebung der Prioritäten. Es gibt jedoch noch einen bedeutenderen Sinn, in dem Schmerz zur Brücke zwischen den Welten wird. Dabei ist manchmal ein Zugang zu Einsichten geschaffen worden, die unserem alltäglichen Bewusst-

---

[1] David B. Morris: Geschichte des Schmerzes, Frankfurt/M. 1996, S. 187 (Worte im Zitat hier etwas umgestellt); folgendes Zitat S. 176

sein so fremd sind, dass sie als prophetisch, utopisch oder revolutionär bezeichnet werden können.

In diesem Sinn kehre ich den Satz von vorhin um: *Auch wo der Schmerz weder sein noch erwünscht werden soll, kann er in Kauf genommen und bejaht werden. Er beeinträchtigt die Selbstständigkeit nicht wirklich, denn Selbstständigsein ist immer die Gestaltung von Angewiesensein und Abhängigkeit und damit der angemessene Umgang mit den Kontingenzen, die das Leben mit sich bringt. Schon darin ist die Wahrheit beschlossen, dass der Schmerz letztlich nur durch den Schmerz hindurch überwunden werden kann, wenngleich er auch darin auf Abbruch drängt.*[1]

2. Andeutungen...zum Schmerz Gottes:

2.1 Mit Schmerzen Kinder gebären

In biblischer Perspektive erfahren wir über die conditio humana Grundlegendes in der Garten-Eden-Erzählung (Gen 3). Die Menschen erkennen, indem sie ihrer Nacktheit gewahr werden, dass sie in aller Gleichheit voneinander unterschieden sind: Mann und Frau sind einander ganz ähnlich und doch ganz anders. Anders ist auch Gott - Gott ist Stimme, der Mensch ist Körper. Der grundlegende Trennungsschmerz, der im Menschsein selbst verankert ist!

Es ist bedauerlich und belastend, liebe Schwestern und Brüder, was in der Theologie- und Kirchengeschichte aus diesem Gotteswort an die Frau, an Eva, chawwa: die Mutter der Lebenden, gemacht wurde: *Ich mache dir viel Beschwerden und lasse deine Schwangerschaften zahlreich sein, mit Schmerzen wirst du Kinder gebären.* (1. Mose 3,16a nach Zürcher 2007) Besonders die Frau wurde auf den Schmerz festgelegt. Noch heute können viele Frauen - und gerade vielen von ihnen begegnen wir in der Altenseelsorge - sich ohne Geburtsschmerzen ihr Frausein nicht vorstellen, sie definieren ihre Weiblichkeit gerade von den ertragenen Schmerzen her.[2] Wir erkennen heute endlich, wie sehr wir es dabei immer auch mit gesellschaftlich erzwungenen Selbstdeutungen als Übernahme jahrtausendealter Zuschreibungen handelt. Wohl nirgendwo stärker als im Blick auf Empfängnis und vor allem Geburt hat das soziale Geschlecht (gender) das biologische Geschlecht (sexus) in seinen Griff genommen. Dazu hat die Deutung der Schmerzlichkeit des Geburts-, vor gar nicht so langer Zeit auch des Zeugungsvorgangs nach einer bestimmten, aber bestimmenden Auslegungstradition als Gottesstrafe für die menschliche Sünde massiv beigetragen; die Sünde wurde auch noch wesentlich als weiblich deklariert.

---

[1] Was etwas anderes ist als Schmerz durch Schmerz zu bekämpfen.

[2] Kritisch dazu und für ein Recht auf schmerzfreies Gebären Isabel Azoulay: Schmerz. Die Entzauberung eines Mythos, Berlin 2001.

Aber wo steht - außer in der interpretierenden Überschrift in unserer Lutherbibel - in Genesis 2 und 3 ausdrücklich etwas von „Sünde" und „Fall"? Das Wort „Sünde" kommt erst in der Kain- und Abel-Geschichte vor (1. Mose 4,7). Es geht in Gen 3 zuerst um die Freiheit und die Scham. Wer sich die Freiheit nimmt, stößt auch an ihre Grenzen, die die gesamte Schöpfung und das Menschsein kennzeichnen. Also hat der Mensch, es sei denn, er wolle Gott sein: dann wäre er aber nicht mehr Mensch und müsste alles verantworten, die Folgen der Freiheit zu tragen. Freiheit lässt sich nur in Grenzen leben. Eine unendliche Freiheit in Menschensinn und -händen wäre Maßlosigkeit. Dieses so gegebenen Menschseins muss sich der Mensch nicht schämen. Die Schmerzen bei der Geburt, die Mühen des Broterwerbs und der Arbeit und vieles andere mehr sind das Menschliche, das keinen Menschen entwürdigt und das die Menschen gemeinsam leben und gestalten können. In den Beschwernissen und Mühen und im Umkleiden mit schützendem Fell akzeptiert Gott jedenfalls endgültig ihre Körperlichkeit, Bedürftigkeit und Verletzlichkeit. So verstanden, gehören die Mühen des Lebens zur Lebensglut.

Sie sind, wie die Endlichkeit selbst, ein Ruf in die »endliche Freiheit« (Paul Tillich). Und dieser Ruf ist ein Auftrag zur Selbstintegration. Insofern Krankheit und Schmerzen Desintegration sind, repräsentieren sie die heteronome Dimension, die die Dimension der Autonomie zur Theonomie herausfordert - und damit zu neuer Selbstintegration und einer Balance der konstruktiven und destruktiven Lebenskräfte. Wir haben Freiheit einzig in der Gestalt ihrer »Antinomie« (Karl Jaspers). Wäre denn eine aller Antinomien und Paradoxien bare Freiheit überhaupt denk- und lebbar, ja überhaupt Freiheit?

Wollen wir einen angemessenen Zugang zum Schmerz gewinnen, müssen wir die schädliche Verbindung zwischen Schuld, Strafe und Schmerz - die Suggestion von Schmerz als Folge der Schuld - kappen, wie Jesus es getan hat. Nur so entkommen wir der Falle, den Schmerz zu mystifizieren und zu prolongieren, ihm einen Sinn zuzuschreiben, den er nicht hat. Dem Sinnlosen einen Sinn unterzuschieben, hieße doch, Ja und Nein zu verwechseln, Tag und Nacht, das Übel, wozu Schleiermacher Krankheit und Schmerzen rechnet, zum Guten zu machen. So beraubten wir uns aller Kraft, um des Lebens, um der Menschen, um Gottes willen gegen das Übel anzugehen. Oder alle diese Bemühungen liefen darauf hinaus, dass sie fernab jeder Gottesbeziehung, also gegen den Grund des Lebens selbst, mündeten in einen besinnungslosen und sinnlosen Kampf gegen den Schmerz, der keine Grenzen des Menschlichen und Kreatürlichen kennt. In diesem Kampf müssten wir uns aber verlieren, weil wir die Macht des Schmerzes aus dem Blick verlören, uns selbst mehr

Macht zuschrieben, als wir haben, und dabei des Widerlagers, des Widerstands, an dem wir uns abarbeiten und neues Leben gewinnen könnten, verlustig gingen.

Insofern wäre ein Leben ohne Schmerzen ein halbiertes, also eigentlich kein wirkliches Leben, ein Leben ohne Tröstung, ohne tiefere Beziehung, so sehr der Schmerz das eigentlich Inkommensurable und Nichtkommunizierbare bleibt. Insofern auch gehört der Schmerz zum Leben dazu. Aber er gehört so dazu, dass er immer wieder sein Ende fordert und eben darin einen Menschen wie nichts anderes sonst mit sich selbst konfrontiert und zum Selbstsein herausfordert, wie ich es mit Hans-Georg Gadamers Gedanken vorhin angesprochen habe.

Das aber heißt: *Der Schmerz ist der Ursprung der Eschatologie. In seiner Unerträglichkeit und seinem unvermittelten Drängen auf Abbruch begehrt er geradezu nach Erlösung, nach einem Anderen jenseits des Schmerzes.*

2.2 Hiob und der metaphysische Schrecken

In seinem Buch „Der Schrecken Gottes. Attar, Hiob und die metaphysische Revolte" hat Navid Kermani von seiner Großmutter, dem islamischen Mystiker Attar, Hiob, Georg Büchner und Heinrich Heine erzählt. Die Pointe der Hiobdichtung liegt ja darin, dass Hiob nicht nur seine Leiden beklagt, sondern Gott vorwirft, ihm Unrecht getan zu haben und er Gott zum Rechtsstreit fordert. Hiobs Leiden werden nicht als solche benannt, sodass sein Schmerz nicht nur auf einen bestimmten Krankheitszustand beschränkt werden kann. Dieser Hiob zerreißt den doktrinär gewordenen Erkenntniszusammenhang von Tun und Ergehen, von Schuldtaten als Ursachen seiner Schmerzen, und Gott gibt ihm *darin* Recht, ohne dass solche Lebenszusammenhänge einfach nur verneint und ausgeschlossen würden. Gott bricht Hiobs Leiden ab und wendet sich ihm unmittelbar in der Rede aus dem Wetter zu, mit anderen Worten: Hiobs Leiden und Schmerzen, die er nur beklagen kann und deretwegen er sogar Klage gegen Gott erhebt, führen ihn in eine unmittelbare Gottesbegegnung hinein, in dieser Verbergung des Lebens entbirgt sich gleichsam das Leben, das Sein selbst. Hiob wird, statt einer Antwort, eine Gottesbegegnung zuteil - und die ist mehr als eine Antwort, die schnell vergessen werden kann.

Was bedeutet dieses Klagen Hiobs? Es muss zu Ende gesprochen werden, was nicht das letzte Wort behalten darf und wird! Darin ist die Einsicht beschlossen: Ich kann und werde dem Leiden und den Schmerzen die Stirn anstelle des Nackens bieten, aber ich lasse mich nicht zu der Illusion verführen, sie ein für allemal bezwingen zu können!

Und warum muss es der Schmerz sein? Man kann das Böse leugnen, aber nicht den Schmerz!

Härter noch als Hiob der islamische Mystiker Attar, dem Navid Kermanis todkranke und auf widerlichste, unerträglichste Weise schmerzgeplagte fromme Großmutter unbewusst folgt: *Gott sei weder zu benennen noch zu studieren, sondern allein durch den Schmerz zu erfahren: »Von IHM ein Atom in deinem Herzen / Ist besser als alles, was du in beiden Welten findest.«*[1] Diese Hinnahme äußert sich - auch bei Kermanis frommer Großmutter - aber im scharfen Protest gegen Gott, sie ist Ergebung als Widerstand und Widerstand als Ergebung. Um es mit Worten von Georg Büchner aus „Dantons Tod" zu sagen: Der Schmerz als „Fels des Atheismus" zerspringt erst in der metaphysischen Revolte, die sich aus ihm selbst erhebt. Die aber kann sich nur gegen Gott richten, sonst wäre sie keine *metaphysische* Revolte. So aber nimmt sie niemanden anders in Anspruch und richtet sich an niemand anderen als - - - Gott! Man könnte auch gerade in der Abwesenheit von Gottes präziser Anwesenheit sprechen. Bei alledem geht es darum, dass der Gottesbezug, in der sich die Beziehung zu einem letzten Lebensgrund zeigt, von allem frei ist, was verrechenbar und tauschbar ist. Der Mensch, der im Schmerz den Lebensgrund auf diese Weise wahrnimmt, ist kein Tauschobjekt mehr. Das ist - in unserer Tauschgesellschaft - ein revolutionärer Zug.

Theologisch und lebenspraktisch einfacher macht es uns der Schmerz nicht. Doch so können wir in der Seelsorge dem Zwang zum Gelingen, in dem wir am Ende doch nur Tauschobjekte sind, entkommen und das „untröstlich Ungetröstete" (Andrea Peschke) zulassen und in uns selbst hineinnehmen. Das wäre wirkliche Nähe zu den Menschen, die uns unverdientermaßen an ihrer langen, oft mühsamen, oft verworrenen Lebensgeschichte teilhaben lassen und das oft als - in unseren Augen - Verwirrte.

Wird so der menschliche Schmerz zum Schmerz Gottes?

2.3 Die Stimme wird zum Körper

In einer überraschenden Auslegung von Genesis 3 macht die schon mehrfach erwähnte Literaturwissenschaftlerin und Kulturanthropologin Elaine Scarry darauf aufmerksam, dass - entsprechend dem Bilderverbot und dem in der Verbergung sich entbergenden Gott mit dem Namen ICH BIN, DER ICH BIN (Ex 3,14) als Stimme aus dem brennenden Dornbusch, den zu berühren wegen der Flammen und der Dornen doppelten Schmerz bereitete - die Menschen *Körper* sind und Gott *Stimme*. Auch wenn damit keineswegs das Ganze der Hebräischen Bibel erfasst ist, bleibt doch unverkennbar, wie Gott auch immer wieder nicht nur als Stimme begegnet, sondern den menschlichen Körper verwundet und versehrt und so gleichsam in Kontakt mit die-

[1] Navid Kermani: Der Schrecken Gottes. Attar, Hiob und die metaphysische Revolte, München 2008, S. 203

ser Körperlichkeit kommt. Im Neuen Testament, so Elaine Scarry, ist es aber umgekehrt:

Wird im Alten Testament der Akt des Verwundens ausdrücklich ein ‚Zeichen' genannt, so im Neuen Testament der Akt des Heilens. In beiden Fällen ist der menschliche Körper der Ort der analogen Verifikation der Existenz un23d Autorität Gottes, doch im Neuen Testament zielt die Veränderung fast ausnahmslos auf Heilung. Der intimste Kontakt Gottes mit der Menschheit, sein unmittelbarer Kontakt mit dem menschlichen Körper, ist im Alten Testament durch die Waffe vermittelt, im Neuen Testament durch Jesus.[1]

Dieser radikale Wechsel hat, folgen wir der Erkenntnis des römischen Hauptmanns, der bei Markus den Gekreuzigten als „Gottes Sohn" er- und wider Willen bekennt (Markus 15,39b), einen Grund: *In Jesus Christus hat Gott einen Körper und der Mensch eine Stimme.* In diesem Körper, der in der Kreuzigung der unvorstellbarsten Schmerzen - der körperlichen und der seelischen, weil das „Hängen am Holz" als Ausdruck letzter Gottesferne gilt - ausgesetzt ist, geht Gott gleichsam selbst ins Exil - wie wir ins Exil gehen, wenn uns im Schmerz der eigene Körper fremd wird, wir ihn aber umso intensiver und gewisser als unseren eigenen Körper entdecken, uns dabei umso verlassener und verlorener vorkommen.

Die Stimme, die der Mensch in Jesus Christus findet, ist zunächst die Stimme der Frage und Klage: *Mein Gott, mein Gott, warum hast du mich verlassen?* (Markus 15,34c) Inkarnationstheologisch gedacht, ruft hier Gott zu Gott. Gott nimmt den erlittenen Schmerz in sich selbst hinein. Die klagende Stimme des Menschen kommt gleichsam in einen Gleichklang mit der Stimme Gottes, ja sie *wird* zur Stimme Gottes - als eine durch und durch menschliche Stimme.

- *So wird unser Schmerz zu Gottes Schmerz.*
- *So wird Gottes Schmerz zu unserem Schmerz.*

Denn des Menschen Stimme ist ja ganz und gar zur Stimme Gottes geworden, des Menschen Schmerz zu Gottes Schmerz. Dann aber ist der Schmerz nicht nur eine Empfindung, die die Passivität - die Grundrezeptivität - des Daseins ans Licht bringt. Dann wird die Empfindung selbst aktiv und der Schmerz verwandelt sich zur Fähigkeit, bewusst etwas zu verändern: Aus den Waffen Werkzeuge zu machen; statt Pfeile abzuschießen, sie wie der Hl. Sebastian aus dem 3. Jahrhundert n. Chr. auf sich zu ziehen; den Schmerz nicht beseitigen zu können, aber doch zu lindern und ihn ge-

[1] Elaine Scarry: Der Körper im Schmerz, Frankfurt/M. 1992, S. 316 - vgl. das ganze Kapitel 4 „Die Struktur des Glaubens und dessen Umsetzung in materielle Erzeugnisse: Körper und Sprache in der Bibel und in den Schriften von Marx" (S. 271-406). In ihren ungewöhnlichen Ausführungen weist E. S. u. a. auf Ex 10,1f; 12; 32,27-29 / Num 15,32-36; 16,28-30 / Jes 30,27f / Jer 4,3; 4,19 (*Wie ist mir so weh!*) hin.

meinsam auszuhalten. Das sind dann immer nur „gelingende Halbheiten" und eine „gesegnete Versehrtheit" (Fulbert Steffensky). Es stellen sich dann immer noch Furcht und Zittern und Verzweiflung ein, aber es ist eine „getroste Verzweiflung" (Martin Luther). Und die derart angeeigneten Schmerzen sind dann anders als die bloß erlittenen. Sie werden angeeignet in der Weise, dass wir, weil Gott die Tränen einmal endgültig trocknen und einmal weder *Leid noch Geschrei noch Schmerz mehr sein wird* (Offenbarung 21,4), schon heute damit beginnen, anderen in ihren Schmerzen beizustehen und das, wie früher gesagt wurde, »Trostamt« ausüben.

Es wird dann aber auch zum Widerstandsamt gegen alle, die anderen Schmerzen bereiten. Wenn nämlich menschlicher Schmerz zum Schmerz Gottes geworden ist, verwandelt sich der Schmerz in Lebenskraft. Weil wir über diese Welt hinaus hoffen, hoffen wir in sie hinein. So erwächst dem Schmerz die Vision, die Utopie, die im Blick auf jede Form von Gewalt und Leiden nur eines kennt: Schluss damit, auf der Stelle.

Aber dieser Zustand steht noch aus. Will der Mensch für ihn sorgen, wird er niemals kommen. Das bedeutet im Hier und Jetzt: Immer wieder den Wendepunkt ermitteln zu müssen, wo der Schmerz vermieden werden muss und wo er zugelassen werden sollte. Also erwarten wir das Letzte, die Freiheit von dieser Paradoxie, die Theonomie, in der Autonomie und Heteronomie sich verbinden, von Gott. Dessen Stimme hat aber einen Körper, dessen Leben reicht in unseres schon hinein. Dafür steht das altkirchliche Bild des „Christus Medicus": das Bild vom verwundeten Heiler, vom Arzt, der die Krankheit heilt, indem er sie trägt: *Fürwahr, er trug unsere Krankheit und lud auf sich unsere Schmerzen...* (Jesaja 53,4). Er ist das Urbild einer „pathischen Existenz", aus der die Kraft für ein Leben als „pathische Existenz" auf uns übergeht.

Darum kann Paulus von der in den Wehen der Geburt liegenden, seufzenden Schöpfung sprechen, die nach Römer 8,18ff auf die Freiheit der Kinder Gottes wartet. Und ebenso von der Stimme Christi: *Lass dir an meiner Gnade genügen, denn Gottes Kraft ist in den Schwachen mächtig* (2. Korinther 12,9 genauer: *...kommt in den Schwachen zur Vollendung*). Das ist die Aussicht des Glaubens: Schon in der Versehrtheit erscheint die erhoffte Unversehrtheit.

3. Ein Licht in der Nacht:

Den letzten Abschnitt leite ich mit Sätzen von David Le Breton ein, mit denen dieser sein Buch schließt:

Schmerz wohnt im Leben selbst als eine Art Kontrapunkt, an dem sich die volle Lebensglut erst bemessen lässt. Leben macht nur in seiner prekären, potentiell bedrohten Bedingtheit

Sinn. Daher das Glücksgefühl eines Genesenen oder eines Kranken auf dem Weg der Besserung, daher die Freude über die ersten Tage der Freiheit nach einem langen Krankenhausaufenthalt.

In jedem Schmerz, der sich heilen lässt, liegt eine potentiell initiatorische Dimension, eine Aufforderung, die eigene Existenz bewusster und intensiver zu erleben. Durch seine Kraft, die einen aus sich selbst herausreißt und die Seelenruhe des einstigen Identitätsgefühls plötzlich umstößt, ist der Schmerz anthropologisch gesehen ein radikal metamorphotisches Prinzip. Die Riten des Übergangs funktionalisieren den Schmerz als eine Technik, über die man Zugang zu einer wiederhergestellten Identität erhält. Er ist ein Erkenntnisinstrument, eine Möglichkeit, die eigenen Grenzen zu denken und seine Kenntnis des Anderen zu erweitern.

Der Schmerz ist eine Metaphysik: durch sein Verschwinden zeigt er die Distanz auf, welche der Einbettung des Menschen in einer Welt eignet, die mit Sinn erfüllt ist und zum Lebensgenuss anhält. Er bettet den Menschen auf glühende Kohlen und hält ihn im Grauen und im Vorgefühl des Todes umfangen, und ist doch zugleich der Schlüssel, um nach seiner Genesung in ihm das Bewusstsein vom Sinn des Lebens zu verankern.

Schmerz ist heilig und wild zugleich. Weshalb heilig? Indem er den Menschen dazu zwingt, an sich die eigene Transzendenz zu erfahren, projiziert er ihn außerhalb seiner selbst, enthüllt ihm innere Kräfte, von deren Existenz er nichts ahnte. Und wild ist er, weil er dies tut, indem er die Identität des Einzelnen aufsprengt. Er lässt ihm keine Wahl. Er ist eine Feuerprobe, bei der die Gefahr, sich zu verbrennen, groß ist.

Es bleibt dem Menschen überlassen, ob er sein Leben als ein Unglück wahrnimmt, indem er sich - oder zumindest seine Würde - ganz und gar verliert, oder ob er ihn als Chance begreift, die ihn eine neue Dimension erfahren lässt: die eines Menschen, der gelitten hat oder der noch immer leidet, der jedoch die Welt mit offenen Augen sieht.

Entweder überlässt sich der Mensch ganz der Raserei des Schmerzes oder er versucht, sie zu zähmen. Gelingt ihm dies, so geht er als ein anderer aus der Prüfung hervor, er kehrt erfüllter ins Leben zurück. Doch der Schmerz ist kein Boden, auf dem man sich einfach so niederlassen kann: die Metamorphose durch Schmerzen erfordert immer zuerst deren Ende.[1]

Diese Worte von David Le Breton fassen bewegend und genau zusammen, was ich Ihnen sagen wollte. Doch muss ich hinzufügen: Ja, *die Metamorphose durch Schmerzen erfordert immer zuerst deren Ende.* Gleichzeitig aber wird der Schmerz auch immer wieder sein Geschäft treiben. Wir werden ihn zulassen müssen, ohne ihn herrschen zu lassen. Das letzte Wort zu haben, diesen totalen Anspruch werden wir ihm, weil es für uns außer Gott nichts Letztes geben kann, verweigern. Darum werden wir dem Schmerz die Stirn und nicht den Nacken bieten. Oft genug werden wir durch seine

---

[1] David Le Breton: Schmerz, Zürich 2003, S. 251f

Macht niedergeworfen sein, aber wir werden niemals sein Recht anerkennen. Da er sich freilich immer wieder zu Wort melden und sein Haupt erheben wird, wird die Kraft, die wir ihm entgegensetzen, die einer Negativen Dialektik im Sinne Adornos sein: Jeden Totalanspruch werden wir verneinen, selbst den der Versöhnung und Erlösung, um nicht jetzt als Recht auszugeben und festzuschreiben, was nur im Namen seiner Macht und seiner Gewalt agiert. So werden unsere Visionen, so werden unsere theologische Anthropologie und nicht zuletzt auch unsere Eschatologie eine inverse sein, die immer wieder vom Ja zum Nein und vom Nein zum Ja sich zurückwendet, vom Glauben in den Unglauben und vom Unglauben in den Glauben. Dazu hilft uns die Kunst, allemal die Musik - nicht als Glaube, aber durchaus in der Nähe des Glaubens, sofern auch ihm die Elemente des Inversen zu Eigen sind.

Ein Zeugnis eben dieses ‚Glaubens' bietet Thomas Mann in seinem Roman „Dr. Faustus", indem er die große, letzte Tondichtung nach Schönbergscher 12-Ton-Art des mit dem Diabolus verbündeten Tonsetzers Adrian Leverkühn beschreibt, „Dr. Fausti Wehklag":

Aber einer...wahrhaft letzten Sinnesverkehrung will...recht von Herzen gedacht sein, die am Schluss dieses Werkes unendlicher Klage leise, ...mit der sprechenden Unausgesprochenheit, welche nur der Musik gegeben ist, das Gefühl berührt. Ich meine den orchestralen Schlusssatz der Kantate, in den der Chor sich verliert, und der wie die Klage Gottes über das Verlorengehen seiner Welt, wie ein kummervolles „Ich habe es nicht gewollt" des Schöpfers lautet. Hier, ...gegen das Ende, sind die äußersten Akzente der Trauer erreicht, ist die letzte Verzweiflung Ausdruck geworden, und - ich will's nicht sagen, es hieße die Zugeständnislosigkeit des Werkes, seinen unheilbaren Schmerz verletzen, wenn man sagen wollte, es biete bis zu seiner letzten Note irgendeinen anderen Trost als den, der im Ausdruck selbst und im Lautwerden, - also darin liegt, dass der Kreatur für ihr Weh überhaupt eine Stimme gegeben ist. Nein, dies dunkle Tongedicht lässt bis zuletzt keine Vertröstung, Versöhnung, Verklärung zu. Aber wie, wenn der künstlerischen Paradoxie, dass aus der totalen Konstruktion sich...der Ausdruck als Klage...gebiert, das religiöse Paradoxon entspräche, dass aus tiefster Heillosigkeit, wenn auch als leiseste Frage nur, die Hoffnung keimte? Es wäre...die Transzendenz der Verzweiflung, ...das Wunder, das über den Glauben geht. Hört nur den Schluss...: Eine Instrumentengruppe nach der anderen tritt zurück, und...womit das Werk verklingt, ist das hohe g eines Cellos, ...der letzte verschwebende Laut, in Pianissimo-Fermate langsam vergehend. Dann ist nichts mehr, - Schweigen und Nacht. Aber der nachschwingend im Schweigen hängende Ton, der nicht mehr ist, dem nur die Seele noch nachlauscht, und der Ausklang der Trauer war, ...wandelt den Sinn, steht als ein Licht in der Nacht.[1]

---

[1] Thomas Mann: Dr. Faustus, Frankfurt/M. 1971, S. 491

* * *

Der fromme Rebell - Einführung in das Buch Hiob[1]

Neben der Passionsgeschichte Jesu ist das Hiob-Buch diejenige biblische Schrift, die uns in die tiefsten existentiellen und damit auch theologischen Tiefen führt. Es geht also um das ‚Eingemachte'. Umso wichtiger ist es mir, einen Einstieg in den inneren Zusammenhang des Hiob-Buches zu geben - im Sinne einer Lesehilfe, eines kleinen Schlüssels zum persönlichen Verstehen, wodurch sich dann vielleicht weitere Verstehensräume erschließen.

Die Bibel enthält ja viel weniger Antworten auf unsere Fragen als Fragen zu unseren Antworten, sprich: unhinterfragten Selbstverständlichkeiten. Sie enthält viele lehrende Passagen, z. B. die mosaischen Weisungen und die Lebensregeln der Weisheitsliteratur. Dennoch ist sie alles andere als ein Lehrbuch, sondern durch und durch ein Lebensbuch, das in der Regel von hochdramatischen Lebenserfahrungen und Gesellschaftskonflikten erzählt, zusammengehalten und zugleich profiliert nur durch den gemeinsamen Horizont des Gottesbezugs. An der im Hiob-Buch charakteristischen Art des Gottesbezugs werden wir erkennen, dass menschliches Leben und Leiden sich weder vereinheitlichen noch vereinnahmen lässt und dass GOTT der Name für das Unverrechenbare und Unverfügbare ist, das sich keinem Zweck beugt - und wie genau darin die Freiheit und die Würde des Menschen begründet sind.

Im Geheimnis des Namens Gottes ist das Geheimnis der Welt und des Menschseins verborgen. So lautet in 2. Mose 3,14 der Gottesname: „ächjä ascher ächjä", zu deutsch: „Ich bin, der ich bin. Ich war, der ich war. Ich werde sein, der ich sein werde. Ich war, der ich bin. Ich war, der ich sein werde. Ich werde sein, der ich bin. Ich werde sein, der ich war. Ich bin, der ich war. Ich bin, der ich sein werde."

1. „...der Nabel der Schmerzen"

Zwar bin ich nicht un-christlich, aber auch nicht bewusst christlich, jedenfalls nicht kirchlich erzogen worden und aufgewachsen. So wusste ich zwar schon früh, was eine Hiobsbotschaft ist: eine überaus schlechte Nachricht. Dem Hiob-Buch selbst bin ich allerdings erst als junger Mann in der Ev. Jugend begegnet. Dort hörte ich die berühmte Sentenz: *Der HERR hat's gegeben, der HERR hat's genommen, der Name des HERRN sei gelobt.* (Hiob 1,21) Dieses Wort aus Hiob 1,21 hat bei mir neben Unverständnis ge-

---

[1] Diesen Vortrag habe ich in unterschiedlichen Fassungen in verschiedenen Kreisen gehalten, zuerst am 7. Mai 2007 im von Ingeborg Rindermann (Grundschule Feldbuschwende Hannover-Kronsberg) geleiteten staatlichen Fachseminar für Religionspädagogik an Grundschulen. Den hier abgedruckten Text habe ich um den Abschnitt, in dem ich einen Brückenschlag vom Theologischen zum Pädagogischen hin versuche, gekürzt.

radezu Ärger und Widerwillen erzeugt. Mit solchen Worten konnte doch - und wurde in der christlichen Tradition ja zeitweise auch - das massenhafte Sterben z. B. von Kindern gerechtfertigt (damals: Biafra), zumindest ergeben hingenommen werden. Und was war mit den Menschen, die in den Gasöfen von Auschwitz umgebracht wurden? Schon mit einem Gott, der solches Grauen wenn nicht verursachte, so doch zuließ, wollte ich nichts zu tun haben!

Dann aber sah ich in der Malerei Bilder der Hiob-Gestalt, die nicht nur einen demütigen Dulder, sondern einen seine Schmerzen in die ganze Welt hinaus schreienden „leidenden Gerechten" zeigten. Es gibt in der Kunst- und Literaturgeschichte - ich denke jetzt nur an den berühmten Roman „Hiob" von Joseph Roth - ja unzählige Beispiele intensiver Hiob-Rezeption. Und aus Elie Wiesel's Buch „Die Nacht", in dem er vom Tod seines Vaters im KZ und seinem Überleben als Junge erzählt, erfuhr ich, wie viele Juden gerade in Hiob sich selbst erkannten: als „leidende Gerechte". In diesem Sinn hat Nelly Sachs gedichtet[1]:

O du Windrose der Qualen! / Von Urzeitstürmen / in immer andere Richtungen der Unwetter gerissen; / noch dein Süden heißt Einsamkeit. / Wo du stehst, ist der Nabel der Schmerzen.

Deine Augen sind tief in deinen Schädel gesunken, / wie Höhlentauben in der Nacht, / die der Jäger blind herausholt. / Deine Stimme ist stumm geworden, / denn sie hat zuviel Warum gefragt.

Zu den Würmern und Fischen ist deine Stimme eingegangen. / Hiob, du hast alle Nachtwachen durchweint - / aber einmal wird das Sternbild deines Blutes / alle aufgehenden Sonnen erbleichen lassen.

So übt auf mich die Hiob-Dichtung noch heute eine doppelte, in sich widersprüchliche Faszination aus: Abgestoßen von dieser Duldergestalt, die gleichsam hinter ihrem Rücken nur eine Frage, nämlich die „Theodizeefrage" hervorruft: Wie kann Gott das zulassen?, weiß ich mich angezogen von dieser zutiefst humanen Gestalt des „leidenden Gerechten".

Jürgen Ebach, Professor für Altes Testament in Bochum, dem ich seit gemeinsamen Studienzeiten verbunden bin und dem ich bis in zahlreiche Formulierungen hinein folge[2], unterscheidet aufgrund solcher verschiedenen Hiob-Perspektiven eine kogni-

---

[1] Zitiert nach Klara Butting / Gerard Minnaard (Hg.): Hiob. Mit Beiträgen aus Judentum, Christentum, Islam, Literatur, Kunst, Erev-Rav-Reihe: Die Bibel erzählt, Wittingen 2003, S. 92

[2] Siehe Jürgen Ebach: Hiob - Streiten mit Gott, Teil 1+2, Kl. Bibl. Bibliothek, Neukirchen 1995 / 1996; ders.: Hiobs Post. Gesammelte Aufsätze zum Hiobbuch..., Neukirchen 1995, S. 1-14, 15-31, 32-54, 55-66 (Hiobs Freunde), 67-72 (Hiobs Töchter!), 73-83; ders.: Erinnerung an Hiob - Dulder oder Rebell?, in: Vielfalt ohne Beliebigkeit, Theologische Reden 5, Bochum 2002, S. 171-191 (daraus besonders viel entnommen). Siehe von demselben auch Kap. 3+4 in dem Anm. 1 genannten Buch. - Diese Einführung in das Hiob-Buch verdankt besonders viel den exegetischen Arbeiten und Einsichten von Jürgen Ebach, den ich, als er junger Assistent bei dem hochgeschätzten Professor Sieg-

tive und eine existentielle Seite, nämlich das „Hiob-Problem" und den „Fall Hiob", also Lehre und Leben. Beide Ebenen bzw. Perspektiven sind im Hiob-Buch so miteinander verwoben, dass jeder Verstehensversuch scheitert, wenn sie nicht zugleich unterschieden und zusammengesehen werden.

2. Hiob - Lehrgedicht und Gleichnis?

Doch zunächst einige Anmerkungen zu Gattung und historischem Hintergrund des Hiob-Buches[1]. Das Hiob-Buch ist eine Dichtung, die aus einer Rahmenhandlung in den Kapiteln 1,1 bis 2,10, namentlich den beiden Himmelsszenen zwischen Gott und Satan, sowie der kurzen Schlusserzählung Kapitel 42,10-17 über das letztendliche Ergehen Hiobs und im Hauptteil Kapitel 2,11 bis 42,9 aus einer Fülle einander abwechselnder Reden Hiobs, seiner Freunde und Gottes sowie eingestreuten Lebensweisheiten besteht. Zunächst lesen wir also eine kurze Erzählung, die eigentlich mehr ein Disput zwischen Gott und Satan ist: Satan behauptet, Hiob sei nur fromm, weil und solange es ihm gut gehe - zum Beweis des Gegenteils, dass nämlich Hiob unabhängig von seinem Ergehen ein gottesfürchtiger Mensch sei und bleibe, erlaubt Gott, der insoweit schon hier als Fürsprecher Hiobs auftritt, dem Satan, Hiob durch den Entzug aller Güter und Gaben auf die Probe zu stellen. Danach lesen wir in einem ganz anderen Sprachstil, häufig in der Form von Lehrgedichten und psalmenähnlichen poetischen Passagen, einen langen Diskurs, der uns mit Ereignissen und Wahrheiten berührt, wie es in Werken der Dichtung geschieht. Der Babylonische Talmud nennt das Hiob-Buch ein „maschal", ein Gleichnis.

Auf dem Hintergrund der jüdischen Hiob-Exegese fasst Elie Wiesel[2] die literarische Fiktion, die auf einer anderen Ebene gleichwohl Wahrheit ist, in folgende Worte: *Die einen sagen, Hiob hat sehr wohl gelebt, nur sein Leiden ist eine rein literarische Erfindung. Dem halten andere entgegen: Hiob hat niemals gelebt, aber er hat sehr wohl gelitten.* Ich sage: In den Opfern, die die organisierte, technisch-rationale Inhumanität des 20. Jahrhunderts - z. B. des Holocaust und des Archipel Gulag - hervorgebracht hat, hat Hiob sehr wohl gelebt und ist sein Leiden ganz real geworden.

Die Hiob-Dichtung gehört zur „Weisheits"-Literatur, in der es um konkrete Lebensbeobachtungen und daraus ableitbare allgemeine Lebenserkenntnisse und -

---

fried Herrmann an der Ruhr-Universität Bochum und ich Examensstudent und Vikar an der Ev. Dorfkirche in Bochum-Stiepel war, in verschiedenen Arbeitsgruppen kennengelernt habe. Viele seiner Aussagen sind mir derart „in Fleisch und Blut" übergegangen, dass es mir bisweilen gar nicht bewusst ist, wenn ich sie verwende und ich sie deshalb gar nicht als Zitate markieren kann.

1 Nach Rainer Kessler: Historischer Hintergrund, in dem Anm. 1 gen. Buch, S. 59-64.

2 Elie Wiesel: Hiob oder das revolutionäre Schweigern, in ders.: Adam - oder das Geheimnis des Anfangs, Freiburg u. a. 1982[2], S. 207-232 (Zitat S. 211)

regeln geht. Das aber ist nur eine formale Bestimmung, liegt doch das Charakteristische der Hiob-Dichtung gerade im Durch- und Zerbrechen aller bis dahin geltenden Weisheitsregeln, bis hinein in eine gewisse Unförmigkeit, Ausuferung und Unabgeschlossenheit namentlich des Freundes-Reden-Komplexes.

Es ist davon auszugehen, dass die Rahmenhandlung früher und von einem anderen Autor verfasst wurde als der Haupt- und Redenteil. Denn weder auf den ersten noch auf den zweiten Blick passen diese Teile zueinander. Oder sollten sie auf den dritten Blick gerade wegen ihrer Unpassendheit zueinander gehören!? Eben das ist allerdings meine These: In der Hiob-Dichtung geht es um das, was niemals zueinander passt und doch zusammengehört!

Die Hiob-Dichtung nun, wie sie schnell Eingang in den bis ins 1. Jahrhundert vor Christus sich bildenden Kanon der Hebräischen Bibel gefunden hat und wie sie uns jetzt vorliegt, spiegelt die gesellschaftlichen Verhältnisse einige Jahrzehnte nach dem Babylonischen Exil, am ehesten ab der Nehemia-Zeit im 4. vorchristlichen Jahrhundert in den Epochen der persischen, hellenistischen und römischen Dominanz wieder: Immer größere Teile der Gesellschaft verarmen, bis hin zur völligen Verelendung, der mühsam aufgebaute Jerusalemer Tempel und die Stadt selbst werden immer wieder belagert, erobert und geschändet. Die schmale besitzende Oberschicht ist in sich gespalten: Einige nutzen ihre wirtschaftliche Machtposition schamlos aus; sie werden die Gottlosen und Frevler genannt, denn als Gottlosigkeit gilt das Missachten der sozialen Gottesgebote. Andere arbeiten wie gegen Windmühlenflügel und können die Lage nicht bessern, vielmehr fühlen sie sich selbst durch den noch größeren Erfolg der Skrupellosen und eigene Verluste ins Unrecht gesetzt: *Warum bleiben die Frevler am Leben, werden alt und stark an Vermögen?* (Hiob 21,7)

Zu jenen sozial engagierten Verantwortungsträgern gehört Hiob, der einmal als gut situierter Herdenbesitzer, ein andermal als angesehener Stadtbewohner vorgestellt wird, als Gerechter und Vater für die Armen (Hiob 29,16), weil er Hungernde nährt und Nackte kleidet.

Die Hiob-Dichtung ist kein Volksbuch, sondern verhandelt in einer anspruchsvollen, streckenweise hochpoetischen Sprache der Gebildeten ganz tiefe soziale und theologische Probleme: Die Welt ist dermaßen aus den Fugen geraten, dass selbst ethisch verantwortungsbewusste Menschen in höheren Schichten kein Vertrauen mehr in eine auf lange Sicht doch ausgleichende Gerechtigkeit haben; die Schere zwischen Reichen und Armen geht derart weit auseinander, dass man nicht mehr daran glauben kann, in dieser Welt werde sich noch einmal die Gerechtigkeit durchsetzen. Im strengen Monotheismus führt das zu einem dramatischen theologischen Problem:

Ist der Eine Gott für alles verantwortlich: für das Gerechte ebenso wie für das Ungerechte, für den Frieden ebenso wie für den Unfrieden, für den bösen, jähen, unverschuldeten Tod ebenso wie für den Tod nach einem erfüllten Leben und verteilt er die Lebensgabe und die Lebensgaben völlig willkürlich?[1]

3. Ein Mann aus Uz

Wie geht nun der Autor, gehen die Autoren der Hiob-Dichtung mit diesen Problemen und Fragen um, die sich ja immer in doppelter Hinsicht stellen: theoretisch und konkret?

Zunächst: Wer ist dieser Hiob überhaupt? *Einen Mann gab es im Lande Uz, Hiob war sein Name...* (Hiob 1,1). Das unbekannte Land „Uz" wird irgendwo im Osten verortet, wo auch Erzvater Abraham beheimatet war, bevor er ins Land Kanaan zog. Hiob, in Ezechiel 14,14 gemeinsam mit Noah und Daniel als große biblische Gestalt aus frühesten Zeiten bezeichnet, ist also kein Israelit. Aber der Name „Uz" verweist nach 1. Mose 22,20f auf eine Verwandtschaft zu Abraham. Danach wäre Hiob Nachkomme eines Vetters Isaaks und eines Onkels Jakobs, der bekanntlich nach dem Kampf mit einem Mann Gottes im Morgengrauen am Jabbok-Fluß den Namen „Israel", d. h. „Gottesstreiter" bekam, und keiner so sehr wie Hiob streitet mit Gott. Hiob ist also ein Fremder und doch ein Verwandter. Folglich sollen sich in ihm charakteristische Erfahrungen der ganzen Menschheit abbilden, die auch der Israeliten ganz persönliche Erfahrungen sind.

Hiob ist ein orientalischer Scheich. Mit sieben Söhnen, drei Töchtern, 7.000 Stück Kleinvieh, 3.000 Dromedaren, 500 Rindergespannen, 500 Eselinnen und einer großen Gesindeschar erfüllt sich in seinem Leben, was in Israel seit alters erhofft wird. Es geht ihm so gut, wie es seinem Tun entspricht. Der sog. „Tun-Ergehens-Zusammenhang", bis dahin eine der Grundannahmen des Gottesglaubens, stimmt also. Doch warum geht es ihm gut? Weil er fromm ist? Oder ist er fromm, weil es ihm gut geht? Oder hat beides nichts miteinander zu tun?

Achten wir auf eine Bemerkung gleich zu Anfang: Hiobs Söhne feiern fröhliche Feste, Hiob aber ist in Sorge, sie könnten dabei gesündigt haben, und bringt, etwaigen Zornesregungen Gottes vorbeugend, Brandopfer. Ein großzügiger wie besorgter Vater, der seine Kinder gut versichert. Mit anderen Worten: Er will die Stimmigkeit zwischen seinem Tun und seinem Ergehen sichern, handelt also in der Logik der Versicherung.

---

[1] Dabei werden die Probleme der Gegenwart als Geschichte der Vergangenheit dargeboten. Wir finden also zwei Zeitebenen: die „erzählte Zeit" und die „erzählende Zeit".

Diese ökonomische Seite der „Assekuranzfrömmigkeit" Hiobs hat auch eine psychologische Seite. Wie lebt einer, wieviel Misstrauen hat einer, der in ständiger Angst lebt, seine Kinder könnten etwas falsch machen, er müsse sie und sich gegen alles versichern? Ist Hiob möglicherweise schon krank, bevor sein Leiden offen ausbricht? (Und ist Hiob damit ein sehr moderner Mensch?)

Damit sind wir bei der sog. „Wette" zwischen Gott und Satan, die ich, wäre sie wirklich eine Wette, als ganz und gar unanständig empfinde. Gott als Wettspieler um menschliches Leben? Aber ist das denn eine Wette? Der Satan ist ja kein eigenständig agierender Gegenspieler Gottes, sondern nur Teil des himmlischen Hofstaates - eine aus Ägypten übernommene Vorstellung - mit der Aufgabe genauer Menschenbeobachtung. Dieser göttliche Hofbeamte mit Namen Satan erbittet den Auftrag, näher prüfen zu dürfen, ob Hiob auch fromm wäre, wenn seine Frömmigkeit ohne Lohn bliebe. Es geht also um die Frage, wie, ja, ob überhaupt Frömmigkeit und Wohlergehen zusammengehören. Darum lässt Gott Hiob leiden. Das ist einerseits eine schreckliche Seite an Gott. Aber dem Monotheismus ist unvorstellbar, dass etwas außerhalb Gottes stände oder geschähe. Indem Gott Hiob leiden lässt, macht er sich offenbar gleichzeitig zum Anwalt der Frömmigkeit Hiobs, ergreift also zumindest insofern schon einmal für Hiob Partei.

4. „Verflucht sei der Tag..."

Dennoch bleibt der Vorgang skandalös. Hiob jedenfalls erlebt das Gegenteil. In innerster Erregung, in Erschrecken, Trauer, Zorn zerreißt er seine Kleider, wirft sich auf den Boden, sieht sich wieder als neugeborenes nacktes Kind. Dann spricht er die Worte: *Der HERR hat's gegeben, der HERR hat's genommen, der Name des HERRN sei gelobt.* (Hiob 1,21) Es kommt alles darauf an, wie diese Worte betont werden. Betont man sie, wie ich es vom Kontext her für richtiger halte, statt auf *genommen* auf *HERR*, kennzeichnen sie nicht mehr die Dulderpose, sondern zielen auf einen Verursacher und Verantwortlichen für dieses Geschehen. So gelesen, drücken Hiobs Worte aus, wie er sich als zutiefst von Gott Getroffener, Geschlagener sieht, der nicht hingebungsvoll duldet, sondern den Adressaten seiner Klagen kennt und nennt. Hiob hält an Gott fest, nur mit seiner Klage hält er sich - noch - zurück. Nachdem er aber durch eine zweite Schickung am eigenen Leib - Haut für Haut (Hiob 2,4) - getroffen, ihm wirklich alles genommen und seine Existenz vollends erschüttert wird, hält er an Gott fest, *indem* er Gott klagt und den Tag seiner Geburt verflucht.

Vorher haben drei Freunde, die von weither gekommen sind: Elifas, Bildad und Zofar, mit Hiob sieben Tage und sieben Nächte gewacht. Dieses Schweigen hat für mich zwei Aspekte. Zunächst zwingt der Anblick solchen Leidens zum Schweigen, es verschlägt einem jedes Wort. Sodann gilt es, stets die Zeitperspektive im Hiob-Buch im Blick zu haben: Alles braucht seine Zeit. Von daher verstehe ich die vielen Wiederholungen und das Ausufern der Reden gegen Schluss: Das Glück braucht Zeit. Das Leiden braucht Zeit. Das Schweigen braucht Zeit. Das Reden braucht Zeit. Oder wie es in Prediger 3 heißt: Alles hat seine Zeit.

Hiobs Leben und Leiden ist Leben und Leiden in der Zeit. Es kann weder schweigend ausgesessen noch wie in einem stimmigen Argumentationsgang mit abschließender Lösung erklärt werden. Wie oft erzählen wir von einem schrecklichen Ereignis oder dem Grund unserer Trauer?! Wie oft muss das Unsägliche gesagt werden, damit es am Ende nicht das letzte Wort hat?! Wie oft erzählen kleine Kinder und alte Leute wieder und wieder dieselben Geschichten?!

Hiob, der sich mit einer Scherbe den Eiter von der Haut kratzt, sitzt auf einem Asche- und Kehrichthaufen - und die Freunde schweigen mit ihm: sieben Tage und sieben Nächte. Sie halten mit ihm so lange aus, bis Hiob selbst wieder für das Unaussprechliche Worte findet. Sieben ist eine heilige Zahl. Nach sieben Schöpfungstagen, an deren siebtem Gott ruhte, d. h. auch: schwieg, beginnt das Leben erst eigentlich. Auch für Hiob beginnt es, als er sein Schweigen bricht und zur großen Klage anhebt.

Es gibt Lebenslagen und Ereignisse, die erst einmal nur Schweigen gebieten. Wer aber nur schweigt, frisst alles in sich hinein und steigert sein Leiden. Zum Lebendigsein gehört auch, selbst für Unaussprechliches um Worte zu ringen. Nur Tote schweigen auf Dauer. Darum *muss* das Schweigen ein Ende haben und dann das immer wieder und schließlich zu Ende gesprochen werden, was eben nicht das letzte Wort haben darf. Darum ist die gewaltige Klage, zu der Hiob anhebt, ein erstes Zeichen seiner wiedergewonnenen Lebendigkeit. Darum ist, um es schon an dieser Stelle zu sagen, den Freunden erst einmal kein Vorwurf wegen ihres Redens zu machen, zumal sie zuerst Hiob Zeit zum Reden geben. Ich lese, nur damit Ihr einen Eindruck von der Dramatik seines Leidens und der Intensität des klagenden Protestes habt, die ganze Klagerede, alle 26 Verse von Hiob 3 in der Übersetzung von Jürgen Ebach:

Danach öffnete Hiob seinen Mund und verfluchte seinen Tag. Und Hiob hub an und sprach: ›Es verschwinde der Tag, an dem ich geboren wurde, und die Nacht, die sprach: Ein Mann werde empfangen! Dieser Tag werde Finsternis, nicht forsche Gott nach ihm von oben! Kein helles Licht strahle über ihm auf! Finsternis fordere ihn ein und Schattendunkel, es lasse sich nieder auf ihm Gewölk! Es sollen ihn schrecken die Tagesverdüsterungen! Diese Nacht - Dunkel nehme sie weg, sie reihe sich nicht ein in die Tage des Jahres! Zur Zahl der Monate komme sie nicht hinzu! Diese Nacht da - sie versteinere! Kein Freudenlaut komme in ihr auf! Verwünschen sollen sie, die den Tag verfluchen; die bereit sind, den Leviathan zu reizen. Es sollen finster werden die Sterne ihrer Dämmerung, sie hoffe auf Licht - doch nichts! Nicht soll sie sehen die Wimpern des Morgenrots! Denn sie hat die Türen des Leibs meiner Mutter nicht verschlossen und die Mühsal nicht verborgen vor meinen Augen. Warum starb ich nicht vom Mutterschoß weg, warum kam ich nicht aus dem Mutterleib und verschied? Weshalb sind mir Knie entgegengekommen, und was sollten mir Brüste, dass ich saugte? Ja, dann läge ich jetzt da und wäre still, könnte schlafen und hätte jetzt meine Ruhe mit Königen und Ratsherren des Landes, die sich Trümmer erbauten, oder mit Beamten, die Gold hatten, die ihre Häuser mit Silber füllten! Oder wie eine verscharrte Fehlgeburt existiere ich nicht, wie Kinder, die das Licht gar nicht sahen. Dort haben die Frevler mit ihrem Wüten aufgehört; dort ruhen die, deren Kraft erschöpft ist. Allesamt ruhen da die Gefangenen aus und hören nicht mehr die Stimme ihres Treibers. Klein und groß, da sind sie eins, und der Knecht ist ein Freier gegenüber seinem Herrn. Warum gibt er Licht den Mühseligen und Leben denen, deren Kehle voller Bitterkeit ist, die auf den Tod warten, und er kommt nicht, die nach ihm graben mehr als nach Schätzen, die sich freuten, wäre der Stein über sie gewälzt, die froh wären, wenn sie ein Grab fänden? ... Ja, vor meinem Brot kommt mein Stöhnen, und meine Schreie ergießen sich wie Wasser. Ja, was mich schrecklich schreckte, das traf mich wirklich, und wovor mir grauste, das kam über mich. Ich finde keine Rast und keine Stille, ich kann keine Ruhe finden - es kommt das Wüten.<

Worte - kaum auszuhalten. Keine Duldung, sondern ein radikaler Protest gegen das Leben selbst. Im Blick auf sein Leiden spricht Hiob vom Leben so, als sei Totsein besser denn Leben. Darum wünscht sich Hiob den Tod: als Gnadenstoß von Gott selbst. Dem Frommen ist Gott zu schwer: unerträglich geworden! Derartiges lässt sich nur in verdichteter, poetischer Sprache ausdrücken. Wir finden sie zumal in den Psalmen, zu denen die Hiob-Dichtung viele Parallelen aufweist. In diesem individuellen Schicksal wird ausgedrückt, wie man - wie vorhin angedeutet - die Zeitumstände empfand: Alle Verhältnisse sind aus den Fugen geraten. Nichts stimmt mehr. Chaos überall. Und genau darum geht es: Im Schöpfungsakt hatte Gott Zeit und Raum gleichsam dem Chaos, dem „tohu-wabohu", der Wüste und Leere (1. Mose 1,2), abgetrotzt. Aber im Zerbrechen jeder Stimmigkeit, jedes Zusammenhangs zwischen dem Tun und Ergehen eines Menschen, wie es in Hiobs Geschick manifest wird, zeigt sich der Sieg des Chaos. Und so sollen die Nacht, in der Hiob gezeugt, und der Tag, an dem er geboren wurde, an die Finsternis zurückgegeben werden. Dahinter steht die existentielle Frage: Warum lässt Gott die Menschen leben, wenn *das* ihr Leben ist? Dabei will Hiob eigentlich leben, er ist keineswegs lebensmüde, aber er will das Ende seiner Leiden! Da aber das Leben kurz ist, will Hiob, dass Gott ihn in Ruhe lässt!

5. „Trug für Gott..."

Nun beginnen die Freunde - Elifas, Bildad, Zofar und später noch ein Elihu, eine wahre Gotteskeule - zu reden. Das ist, wie gesagt, ihnen keinesfalls vorzuwerfen. Hiobs Klage erheischt eine Antwort, unabweisbar. Sie sind zunächst ehrlich bemüht, Hiob zu trösten. Was aber könnte ein Trost sein angesichts einer letzten Verzweiflung? Elifas appelliert an Hiob: Er, Hiob, sei selbst immer ein Tröster gewesen, an den andere sich vertrauensvoll gewendet haben, ebenso solle er sich an Gott wenden, der ihm dann schon antworten werde. Elifas hat in allem Recht, am Ende der Dichtung antwortet Gott Hiob. Doch können das Richtige - und scheint dieses noch so stimmig - und das Wahre etwas sehr Verschiedenes sein.

Das Richtige wird zum Unwahren durch eine kleine Bemerkung: *Ich an deiner Stelle würde mich an Gott wenden...* (Hiob 5,8). Aber keiner der Freunde ist an Hiobs Stelle, und „ich würde" ist ein schlimmes Wort. Keiner der Freunde hätte schweigen müssen, doch hätten sie mit Hiob, wären sie ihm wirklich Freunde gewesen, klagen sollen: nicht einfach alles nur spiegeln, aber Hiobs Klage in ihren Worten zu Ende sprechen und so im Aushalten Wahrheit und damit eine Hoffnung jenseits der Hoffnung zu gewinnen. Die Hiob-Dichtung beharrt auf dem Unterschied zwischen dem Betroffenen und dem Nichtbetroffenen, um dem Opfer nicht auch noch seine Opferwürde zu nehmen! Kein Mensch ist austauschbar. Man kann einen Menschen vertreten, aber nicht austauschen, schon gar nicht in dem Je-Für-Sich- und Besonders-Sein seines Geschicks, seiner einmaligen Existenz, am allerwenigsten, wenn ihm alles genommen ist und Leben weniger als Totsein zu sein scheint.

Dieser tiefsten Basis des Menschseins sind die Freunde fern. Bildad versucht, Hiob zu der Einsicht zu bewegen, er sei ein Frevler. Denn im „Tun-Ergehens-Schema" schließt er, in sich ganz logisch, zugleich aber doktrinär: Da es Hiob schlecht geht, muss er böse gehandelt haben. Der dritte Freund, Zofar, stellt nun Hiob die Milde und Vergebungsbereitschaft Gottes vor Augen. Dabei geht er davon aus, dass Hiob wegen seiner großen Leiden ein großer Sünder ist, Gott aber vergibt dem Reuigen die Sünde. Das klingt fromm und theologisch sauber, ist aber verheerend. Denn im „Tun-Ergehens-Schema" wird gerade die Milde Gottes zum Beweis dafür, im Grunde sei Hiob selbst schuld an seinem Leiden. Eine „perfide" Milde, deren Trost Hiob ablehnen *muss*.

Diesen Redenkomplex, der beispielhaft für die weiteren Reden- und Gegenreden-Passagen stehen soll, fasse ich so zusammen: Man hat den Eindruck, die Dialogpartner redeten ständig aneinander vorbei, im Grunde hielten sie Monologe auf jeweils ganz anderen Wahrnehmungs- und Denkebenen. So ist es auch. Hiob beharrt auf seiner Unschuld, damit der existentiellen Unmittelbarkeit und Unverrechenbarkeit seines Leidens, die Freunde halten an einer Stimmigkeit fest, die für Hiob zerbrochen ist. Denn wenn es stimmte, dass Hiobs Leiden das Leiden eines Unschuldigen ist, stimmte - aus ihrer Sicht - nichts mehr. Indem sie, eben das befürchtend, von der Brüchigkeit und Unstimmigkeit des Lebens nichts wissen wollen, halten sie weniger an Gott als an einem, ihrem Gottesbild fest. So wird ihnen der Freund zum Feind. So wird der „Tun-Ergehens-Zusammenhang", der einmal eine Hilfe sein sollte, das Leben zu verstehen, zu einer „Tun-Ergehens-Mechanik", zu einem Dogma, einer Doktrin, die alle Individualität unter sich begräbt.

Dann gibt die Hiob-Dichtung einen Streit um das Gottesbild zu erkennen: Worin begegnen wir Gott wirklich? Gleicherweise stellt uns die Hiob-Dichtung die Frage, ob nicht ein unpassender Gott, der sich dem Menschen auch in drastischen Widersprüchen zeigt, ein im Grunde den Menschen zugewandterer, ihnen Persönlichkeit und Freiheit lassender Gott ist, selbst wenn er aus Menschensicht Unzulässiges zulässt.

Die Freunde wollen also Hiob trösten. Aber sie verwechseln die Lage des Betroffenen mit der Lage der bloß Beteiligten. Wahrheiten, ausgesprochen von Nichtbetroffenen, bleiben bestenfalls Richtigkeiten. Zwischen der Zustimmung von Leidenden, Behinderten, Armen und Verfolgten zu ihrem Leben als von Gott für sie gegebenem, gewolltem Leben und der Erklärung von anderen, das Leben dieser geschundenen Menschen sei so, wie es ist, von Gott gewollt und - schlimmer noch - es verweise zurück auf ihre Sündhaftigkeit: genau dazwischen verläuft die Trennlinie zwischen Glaube und Ideologie. „Gott will, dass es *mir* so geht" - das kann ein Ausdruck des Glaubens sein. „Gott will, dass es *dir* so geht" - das ist Ideologie, Zynismus, Legitimation jeden Unglücks, jeden Unrechts.

Es ist also nötig, sich weder im Wahrheitsbesitz zu wähnen noch auf die Wahrheitssuche zu verzichten. Dazu bedarf es einer gewissen Distanz, denn Authentizität und Betroffenheit sind noch kein Wahrheitsausweis. Aber diese Distanz hat die Augenhöhe zu wahren. Jene Augenhöhe wird jedoch verlassen, wenn mit dem Tröstungsversuch der Versuch einhergeht, das *eigene* Welt- und Gottesbild retten zu wollen. Wenn stimmte, was die Freunde im unendlichen Leiden des unschuldigen Hiob meinen erkennen zu sollen, müsste ihr gesamtes Sinnsystem zusammenbrechen. Da schließlich ‚nicht sein kann, was nicht sein darf', verschließen sie lieber ihre Augen vor der Wirklichkeit. Das ist eine große Gefahr gerade der Frommen und der Theologen - damals wie heute: Im Konflikt zwischen einem Menschen wie Hiob und Gott leugnen sie (wir / ich) den Menschen, um Gott zu bekennen. Damit aber, wenn der Mensch verraten wird, ist auch Gott schon verraten.

Darum wehrt Hiob sich gegen die Haltung seiner Freunde: *Wollt ihr für Gott Verkehrtes reden und zu seinen Gunsten Trug vorbringen?* (Hiob 13,7) Hiobs Freunde bringen Trug für Gott vor. Sie wollen Gott in Schutz nehmen und machen Gott so zu ihrem Mündel. Indem sie um Gottes willen nichts Falsches sagen wollen, machen sie infolge der „Tun-Ergehens-Mechanik" Gott zu einem Gegenstand in ihrem Weltmodell. Sie ersetzen den lebendigen Gott durch eine kalkulierte, durchrationalisierte Gottes-Idee. Die Freunde reden korrekt *über* Gott - der gläubige Hiob redet in unglaublich ketzerischer Weise *vor* und *zu* Gott. Er will nicht weg von Gott, aber er will wissen, wie er mit ihm dran ist! Noch da, wo Hiob Gott als Feind wahrnimmt, nimmt er IHN im personalen Gegenüber wahr und nicht als Faktor in einem Lehrsystem! Gott ist für uns Menschen Gott am ehesten im Gebet, und sei es Klage und Protest!

6. Kampf um die Reinheit des Glaubens

In der Tat, nun klagt Hiob nicht nur Gott sein Leiden, sondern er klagt IHN an. Er bestreitet nicht den unendlichen Unterschied zwischen Gott und ihm, dem Menschen Hiob, anders als seine Freunde will er da nichts verwischen und vermischen. Er kann auch der Rationalität seiner Freunde folgen, aber existentiell muss er ihr radikal widersprechen. In Hiob 9,24 ist ein Höhepunkt erreicht, wenn Hiob ein vernichtendes Fazit aus seiner Ohnmacht und seinen Leiden, aus der Absurdität allen Lebens überhaupt zieht: *Die Erde ist in die Hand eines Frevlers gegeben..., und wenn nicht er, wer dann!?* Der Frevler, der alles im Chaos enden und zerbrechen lässt, ist niemand anders als - Gott; nicht ein Gegenspieler, kein Satan oder Teufel, nein, Gott selbst. Damit fordert Hiob Gott zum Rechtsstreit! So kämpft Hiob um die Reinheit seines Glaubens!

Beim Lesen der Kapitel 9 und 10 der Hiob-Dichtung stockt mir der Atem, gefriert mir das Blut in den Adern. Hiobs Vorwürfe, ja, Anklagen gegen Gott müssen noch heute jeden erschrecken, der sich ihnen aussetzt. Gott erscheint Hiob wie ein Feind, der mit militärischen Mitteln seine Vernichtung plant und bewirkt; wie ein übermächtiger Gegner, der das legitimierende und limitierende Recht nicht braucht, weil er die absolute Macht hat; wie ein verbrecherischer Weltenherr oder zumindest wie einer, der es zulässt, dass in der Welt die Verbrecher herrschen. Indem Hiob eben dagegen aufbegehrt und radikal die Gerechtigkeit Gottes befragt, ja, bezweifelt, tritt er dafür ein, dass Menschen klar werden kann: Gottes Gerechtigkeit darf niemals mit dem „status quo“, mit einem bestimmten Zustand der Welt schlechthin gleichgesetzt werden. So erscheint in der Negation eine Position, und im Erkennen des Trugs für Gott liegt die Kraft zur Ideologiekritik.

Der Monotheismus zahlt einen „verteufelt“ hohen Preis, bliebe aber die ganze Welt nicht in dem Einen Gott, fiele sie auseinander in lauter Puzzleteile, die jeweils aus einem anderen Puzzlekasten stammen. Im Bild des unpassenden Gottes aber wird nichts passend gemacht und doch wird alles zusammengehalten. Denn für alles, aber auch wirklich alles gibt es einen Adressaten. An diesen einen Adressaten wendet sich Hiob, ja, in einer gewissen Weise lässt er ihn an seinem Leiden teilnehmen. Während die Freunde nur Rechtgläubiges *über* Gott zu sagen vermochten, sagt Hiob Ungeheuerliches *zu* Gott. In genau dieser Differenz bekommt Hiob Recht. Das ist eine ungeheure Pointe der Hiob-Dichtung. Am Ende spricht Gott zu den Freunden: *...ihr habt nicht recht von mir geredet wie mein Knecht Hiob.* (Hiob 42,7) Hiob bekommt also Recht, nicht die Freunde! Also kommen noch die ungeheuerlichsten Anklagen *gegen* Gott „besser weg" als jedes noch so korrekte Reden *über* Gott. Ein unglaublicher Glaube! Gegen die theologische Doktrin, die die Realität ausblendet und Gott zu ihrem Gegenstand macht, behält die authentische Klage recht! Ja, Gott ist personales Gegenüber, keine Größe im Lehrsystem.

An dieser Stelle wieder eine kleine Zusammenfassung: Wird Gott bei der Wahrnehmung des Scheiterns ausgeklammert, wird er zum „lieben Gottchen". Im Lob und in der Klage, noch in Anklage und Protest wird Gott als Gott bekannt, in der Neutralität oder Umgehung wird er verleugnet. Elie Wiesel hat im Eingedenken der Geschichte der Juden immer wieder sinngemäß gesagt: Der Glaubende kann *für* und *gegen*, aber *nicht ohne* Gott sein. Im Blick auf den Holocaust sagt er: Auschwitz ist weder *mit* Gott noch *ohne* Gott zu denken. In der Klage vor Gott, die mit dem Lob und dem Dank zusammengehört, hält der Glaubende an beidem fest: Die ganze Welt ist die Welt Gottes - die vorfindliche Welt ist aber nicht SEIN letztes Wort. Dank und Lob bezeugen die Schöpfung der Welt und des Menschen - Klage und Anklage beharren auf ihrer Erlösungsbedürftigkeit. Die Frage nach dem „Warum?" wird im Gebet zur Frage: *Wie lange noch, HERR, wie lange noch?!*

Ganz persönlich gesagt: Ab etwa dem 12. Lebensjahr hat mich die Wahrheit über die organisierte und eliminatorische Inhumanität des Nazi-Regimes, durch die „der Tod ein Meister aus Deutschland" wurde (Paul Celan), zutiefst beunruhigt und verstört. Im Laufe der Zeit wurde für mich dann die Hiob-Gestalt, die sich im gekreuzigten Jesus wiederfindet, die einzige Möglichkeit, die Schrecken der Welt und des Lebens überhaupt mit so etwas wie ‚Gott' in Verbindung zu bringen.

7. Worte aus dem Sturm

Wieder sind also mindestens zwei Perspektiven zu beachten. Was ich vor der Zusammenfassung ausführte, bezieht sich auf den „Fall", besser gesagt: die Existenz des Menschen Hiob. Es bleibt noch das „Hiob-Problem". Dem ist keineswegs mit bloßer Authentizität, mit dem ehrlichen Aussprechen der Empfindungen und Erfahrungen beizukommen. So sehr Hiob auf der Personenebene ins Recht gesetzt wird, so wenig bekommt er Recht auf der Problemebene.

Hiob 38 bis 42 ist dominiert von einem Redenwechsel zwischen Gott und Hiob. Doch auch der ist ein Diskurs auf ganz unterschiedlichen Ebenen. Gott antwortet Hiob, aber anders als erwartet, ohne auf seine Krankheit einzugehen. Ich fokussiere diesen Diskurs jetzt auf das Allerwichtigste. Gott antwortet in zwei weit ausholenden

„Reden aus dem Wetter", dabei in vielen Bildern. Darin kommen Tiere vor, die der außermenschlichen Welt angehören. Die mythisch-monströsen Ungeheuer Leviathan und Behemoth, etwa zu vergleichen mit Riesenkrokodil und Nilpferd, gelegentlich mit Drachen, sind den Lebensbedürfnissen des Menschen widrig - und dürfen dennoch in ihrer Art leben. Das ist insofern doch eine genau auf Hiobs Fragen bezogene Antwort, weil Hiob ja anlässlich seiner unerträglichen Leiden gefragt hatte, wie die Welt beschaffen sei: Ist sie Chaos oder Kosmos, lebensfeindliche Unordnung oder lebensdienliche Ordnung? Und Hiob hatte behauptet und beklagt, Gott sei die Ursache - statt für Kosmos - für Chaos, Gott habe mit der Schöpfung nicht lebbare Ordnung geschaffen, sondern eine einzige Katastrophe, nicht Heil, sondern Unheil.

In der zweiten Gottesrede kommen neben Leviathan und Behemoth z. B. noch die Wildesel, die die Saaten zertrampeln, die Löwen, die Menschenkinder fressen, vor, dazu die unerreichbaren Steinböcke in den Felsen und die Geier in den noch unerreichbareren Lüften. Sie alle repräsentieren die außermenschliche Welt. Um sie alle weiß Gott und sorgt für sie. In der bunten Schöpfung zählen keineswegs allein die Lebensbedürfnisse des Menschen. Es gibt Elemente in der Welt, die sind den Interessen des Menschen und vor allem seinem rationalen Verstehen, seinem technischen Zugriff und seiner ökonomischen Verwertung entzogen. So gibt es Widersprüchliches in der Welt, das macht sie aber doch nicht als Ganze chaotisch. Nur weil der Mensch einen menschlichen, mithin begrenzten Horizont hat und nicht das Ganze zu sehen und zu verstehen vermag, wird aus dem Kosmos doch noch kein Chaos. Nicht am Kriterium des Menschen und seinen Bedürfnissen, geschweige denn an Hiobs Ergehen entscheidet sich der Zustand der Schöpfung.

Ein Nebengedanke im Blick auf unsere rationalisierte, technisierte und ökonomisierte Welt: Es kommt für den Menschen darauf an, sich vom Leviathan nicht fangen zu lassen, zugleich die Illusion zu verabschieden, ihn fangen zu können!

Was heißt das für Hiob? Er bekommt Recht darin, dass er wahrnimmt, was ist, und die unverwechselbare Personalität und Existentialität seines Lebens und Leidens nicht an eine rationale (theologische) Doktrin preisgibt. Kein Recht bekommt er darin, dass er den Zustand der Welt und die Güte Gottes allein an seinem individuellen Ergehen bemessen will. Auf der theologischen Ebene bedeutet das: Gott garantiert keine „heile Welt", aber Gott und nur Gott bewahrt sie davor, dem Chaos zu verfallen. Gott ist kein Frevler, sondern Gott und nur Gott verhindert, dass die Welt am Ende lebensfeindlichen Mächten anheimfällt. Der Sinn des Ganzen bemisst sich nicht am Sinnverstehen des Menschen. Es gibt Widriges und Feindliches in der Welt. Dass es nicht herrscht, dafür kann Gott allein sorgen.

Damit wird Hiobs Leiden weder erklärt noch gerechtfertigt. Aber es bzw. Hiob wird von dem Zwang befreit, einen Zweck und einen Sinn haben zu müssen. Nicht dass das Leiden einen Zweck oder Sinn bekommen soll, kann gehofft werden, sondern einzig, dass es ein Ende habe. Denn Leiden, dass um eines Sinnes oder Zweckes besteht, verliert seine Eigenwürde und bietet keinen Grund, beseitigt zu werden. Aber der Zustand der Welt bemisst sich nicht daran, ob Hiob, ob ich eine heile Haut habe oder mit heiler Haut davonkomme. Damit ist die ganze Welt der Zwecke in Frage gestellt und als Ideologie entlarvt, wo sie eine beherrschende Stellung errungen hat, z. B. in der Ökonomie. Insofern nimmt die Hiob-Dichtung, wie auch manche Passagen bei den Propheten, die Kritik von Karl Marx vorweg, in der kapitalistischen Gesellschaft sei alles, auch das einzelne menschliche Leben, zur bloßen Ware entwertet.

So bleibt das „Hiob-Problem" ungelöst. Solange Menschen leiden, müssen die Hiob-Fragen gestellt werden - und ebenso ist dafür zu sorgen, dass nie und nimmermehr durch Menschenhand Leid erzeugt und Menschen zugefügt wird. Doch selbst wenn kein Mensch einem anderen etwas zu Leide täte, bliebe immer noch genug und viel zuviel unverstehbares Leiden übrig. Aber die Frage nach dem „Warum?", die aus dem bleibend untröstlich Ungetrösteten in uns hervordrängt, kann, statt ins Leere gehen zu müssen, in Klage, ja, Anklage an Gott gerichtet, lauten: „Wie lange noch, HERR, wie lange noch?" Diese Frage muss kein Mensch mehr allein stellen. Denn Jesus am Kreuz auf Golgatha, mitten in den Abgründen menschlicher Schuld und der Absurdität menschlichen Leids, hat sie gestellt mit Worten aus Psalm 22: *Mein Gott, mein Gott, warum hast du mich verlassen?* Wegen dieser Worte bin ich Christ geworden.

8. Die Schönheit der Töchter

Der „Fall Hiob" wird gelöst. Am Ende des Buches wird von Hiobs Wiederherstellung erzählt, in dem Rahmenkapitel. Achten wir penibel darauf: Das gute Ende im „Fall Hiob" ist nicht die theologische Lösung des „Hiob-Problems". Es stellt uns ein Idealbild, geradezu eine Vision vor Augen: Weil Hiobs Leiden ein Ende hatte, kann gehofft werden, dass *jedes* Leiden ein Ende habe. Nicht mehr und nicht weniger. Das ist manchen zu wenig, mir wäre es das auch. Aber es ist unermesslich viel mehr als die fatale Konstruktion von Stimmigkeit, bei der die Realität ausgeblendet wird. Allemal ist es mehr als jeder Trug für Gott, mit dem Menschen sich selbst und einander betrügen und das, was für unabänderlich gehalten wird, ideologisch zementieren, vor allem die soziale Ungerechtigkeit und die politischen Unterdrückungsmechanismen, die zumal in den Evangelien als körperhafte Besessenheiten dargestellt sind.

Der erzählende Schluss, Hiob 42,10-17, ist parallel zum Anfang gestaltet:

Und Adonaj [der HERR] segnete Hiobs zukünftiges Leben mehr als das frühere: Er bekam 14.000 Schafe, 6.000 Kamele, 1.000 Joch Rinder und 1.000 Eselinnen. Und er bekam sieben Söhne und drei Töchter. Er nannte sie mit Namen: die eine Jemina, die zweite Kezia, die dritte Keren-Happuch. Und man fand im ganzen Land keine schöneren Frauen als die Töchter Hiobs; und ihr Vater gab ihnen Erbbesitz, genau wie ihren Brüdern. Und Hiob lebte danach noch 140 Jahre; und er sah seine Söhne und die Söhne seiner Söhne über vier Generationen. Und Hiob starb alt und lebenssatt.

Hat Hollywood oft von Hiob abgeschrieben? Hiob bekommt die verlorenen Tiere doppelt zurück. Dazu die sieben Söhne und wieder drei Töchter. Und jetzt sollen wir auf die kleine Differenz achten, um deretwillen das alles eigentlich erzählt wird: Die Töchter haben einen Namen, treten also aus der Anonymität heraus. Hiob, am Anfang panisch und manisch mit der Versicherung seiner Kinder beschäftigt, freut sich nun über die Schönheit, die Schönheit seiner Töchter und gibt ihnen Erbbesitz, lässt sie also nicht mittellos und macht sie unabhängig von der Versorgung durch Männer. Mindestens ebenso wichtig wie die Gesundung seiner Haut ist Hiobs Freude an der Schönheit, in der er auf das Sichern und Herstellen von fehlgestimmter Stimmigkeit verzichten kann. Vielmehr kann er seine Kinder freigeben, ist er doch endlich selbst befreit von der Herrschaft der Zwecke, kann er doch endlich leben ohne „um zu". Das ist Heilung aus der Kraft des Heils. Jetzt kann Hiob leben, und weil er gelebt hat, kann er auch sterben - alt und lebenssatt, nicht weil er das Leben satt hat, sondern vom Leben gesättigt ist. Auch der „Fall Hiob" endet mit dem Tod, insofern nicht einfach in grenzenloser Happiness und Wellness, aber voller Leben und Schönheit, Freiheit und Würde, ohne einer modernen Ideologie vom gelingenden Leben und vom schönen Tod verfallen zu sein. Diese Art Leben könnte man ein „Leben umsonst" nennen. Man käme dann nahe heran an das, was Martin Luther mit der „Rechtfertigung allein aus Gnaden" gemeint hat. Was ist Gnade? Gnade ist das, was kommt, ohne geschuldet zu sein. Gnade ist Freiheit schlechthin.

Noch einmal: Das „Hiob-Problem" bleibt offen, solange Menschen wie er leiden. So lange müssen Hiobs Klagen wiederholt, wiedergeholt werden. Zumal als Pro-Test gegen jeden Trug für Gott. Das heißt auch gegen jeden menschlichen Versuch, die Theodizeefrage zu beantworten, statt an ihr als Frage festzuhalten, auf die allein von, bei Gott Antwort erwartet werden kann. Vorläufige Antworten werden wir immer versuchen, aber jenseits irgendwelcher Doktrinen. Denn das doktrinäre Denken - mit dem beginnt der Tod schon jetzt, die Verzweckung als unser zwar schleichendes, oft ganz unsichtbares Ende, bevor wir richtig zu leben angefangen, bevor wir durch schweres Geschick hindurch Gott als Freund des Lebens (Weish Sal 11,26) erkannt haben und wie der Beter in Psalm 139,18b vertrauensvoll sagen können: *Am*

Ende bin ich noch immer bei dir. Auf diesem Hintergrund kann aus der Frage „Warum?“ die Frage „Wozu?“ werden.

9. „Ich weiß, dass mein Erlöser lebt...“

Was ist nun der religionsgeschichtliche und theologische „Ertrag“, wenn ich nach dem bisher Gesagten dieses Wort überhaupt verwenden darf?[1]

Religionsgeschichtlich markiert die Hiob-Dichtung einen Übergang von einer naiv-archaischen Religiosität, derzufolge der Mensch ebenso in Strafangst wie Schutzbedürfnis verharrt und Gott mittels Sanktionen und Gratifikationen die Welt in Ordnung hält und den Lauf der Geschichte lenkt, zu einem reflektierteren Gottesbild, in dem Gott und die Menschen, statt sie weiterhin zu geschäftsmäßigen Handelspartnern zu degradieren, als Handlungspartner, wenngleich auf unterschiedlichen Ebenen, wahrgenommen werden. Dafür streitet, rebelliert Hiob, indem er Gott dazu herausfordert, mit ihm zu reden. Dass Gott zu ihm redet - das ist für Hiob das Entscheidende. Hat er IHN bisher nur vom Hörensagen gekannt, hat sich ihm nun GOTT SELBST bekannt gemacht. Am Wunder der Schöpfung ist Hiob Gottes Geheimnis aufgegangen, in dem stets zwei Seiten Gottes beschlossen liegen: sinnvolle Ordnung und letzte Undurchschaubarkeit, das schlechthin Unverfügbare und dennoch Gewisseste, das „mysterium tremendum“ und das „mysterium fascinans“.

Das Ziel dieser Hiob-Dichtung, in der die alleräußersten Grenzen des Sagbaren erreicht sind, ist die theologische Einsicht, dass es im Gottesglauben weder um einen Handel oder um einen persönlichen Vorteil noch um eine Garantie irdischen Glücks oder die Besiegelung einer heilen Welt, weder um einen Halt in irgendwelchen moralischen Werten noch gar um die Aufrechterhaltung von „law and order“ geht.

Wo, wie in der Hiob-Perspektive, die Unverrechenbarkeit Gottes hervortritt, tritt auch die Unverrechenbarkeit des Menschen ans Licht. Dann ist Unglück weder eine Quittung für Schuld noch Glück der Ausweis für gelebte Gerechtigkeit und diese keine Garantie für Wohlergehen. Dann bringt der Gottesglaube nichts ein, weder Vorteil noch Nachteil. Solche Maßstäbe sind ihm wesensfremd. Vielmehr ist Gottesglaube - gerade als schlechthinniges Angewiesensein (Schleiermacher) und Ergriffensein von dem mich unbedingt Angehenden (Tillich) - Teilnahme an der unbegreiflichen Fülle des Lebens in personaler Begegnung mit dem Grund und der Quelle des Seins.

Dem kommt am nächsten - ich greife über Hiob hinaus - allein die Liebe. Die Liebe achtet im Ernstfall einen Menschen nicht *wegen* dem, was er alles an Gutem vorwei-

---

[1] Für diese „Ertragssicherung“ übernehme ich Gedanken und Formulierungen von Heinz Zahrnt: Das Leben Gottes. Aus einer unendlichen Geschichte, München 1997, S. 186-190 (aus dem Kapitel „Hiob - Rebell gegen Gott. Der Allmächtige gebe mir Antwort“, das., S. 175-190).

sen kann, sondern im Gegenteil *trotz* dem, was ihm alles mangelt: um seiner / ihrer selbst willen. Jede andere Theologie und Moral machte bestimmte Qualitäten des Menschen zum Maßstab seiner Würde. Das aber wäre inhuman und widergöttlich zugleich.

In diesem Sinn überholt Hiob mit seinem ungeheuren Mut zur Wahrheit, ja, zum Streiten mit Gott die Religion der Freunde. Indem es in der Hiob-Dichtung allein um das Sein selbst, dargestellt im Stehen des Menschen vor und im Angesprochensein des Menschen durch Gott, geht, hat sie einer tieferen Gotteserkenntnis und damit einem größeren Gott und einem gleichsam humaneren Menschsein den Weg bereitet. Das klingt schon an in der Passage Hiob 19, 25-27, in der der Pro-Test gegenüber den Freunden und die Klage den Klagenden über sich selbst hinaustreiben[1]:

Sei du selbst mein Bürge bei dir - wer will mich sonst vertreten? Ich weiß, dass mein Erlöser lebt, und als der letzte wird er über dem Staub sich erheben. ... Und ist meine Haut noch so zerschlagen und mein Fleisch dahingeschwunden, so werde ich doch Gott sehen. Ich selbst werde ihn sehen, meine Augen werden ihn schauen und kein Fremder. Danach sehnt sich mein Herz in meiner Brust.

Mit dieser Anrufung kommt ein Gott in den Blick, der, statt „a-pathisch" Leiden über die Menschen zu verhängen, „sym-pathisch" bei den Menschen im Leiden steht. Dieser Appell Hiobs, den die Hiob-Dichtung nur vorläufig und vorbereitend zu beantworten vermochte, indem sie Gott allein aus dem „Wettersturm" reden lässt, ist nicht ohne Antwort geblieben. Die Christenheit nimmt sie wahr in der Lebenshingabe Jesu am Kreuz, in dem Gott nicht einen anderen, sondern sich selbst an das Menschsein in seiner allerletzten Tiefe preisgibt. Worin könnte denn sonst ein Sinn erblickt werden, der alle Sinnlosigkeit zugleich ernst- und in sich aufnimmt?

10. Einübung in den Umgang mit Widersprüchen

Die Hiob-Dichtung stellt uns vor die lebenslange, niemals an ihr Ende kommende Aufgabe, verstehen zu lernen, dass es Unverstehbares gibt, Sinnloses und Unerträgliches im Übermaß - und dass doch diese Welt nicht im Ganzen sinnlos und unerträglich sein muss. Anders gesagt: Du kannst dein Leben nicht im Ganzen verstehen, aber du kannst es bestehen. Und das ist gut so. Denn wo wir das Leben ganz und gar verstehen, erliegen wir der Versuchung, anderen unsere Lebensmaximen aufzudrängen und alles Lebendige einem Sinn und Zweck unterordnen zu wollen. Das aber ist, so religiös und moralisch es sich geben mag, Totalitarismus. Als totalitär empfinde ich z. B. den ökonomischen Neoliberalismus, der uns in die Finanzmarktkrise geführt hat, weil er alles dem Prinzip des - persönlichen - Gewinns und des Nutzens

[1] Zitiert nach Heinz Zahrnt, a. a. O., S. 190.

doktrinär unterwirft. Indem er den Menschen nur als „homo oeconomicus" betrachtet, lässt er die Eigengeltung des Lebendigen zunichte werden. Um fiktiver Warenwerte willen vernichtet er die wahren Werte.

11. „Empfinden für das Unsagbare..."

Schließen möchte ich mit Worten des jüdischen Religionsphilosophen Abraham Joshua Heschel:[1] „Die Hauptfrage der Theologie ist vortheologisch; sie betrifft die gesamte Situation des Menschen und seine Einstellung zum Leben und zur Welt... Wenn wir unser Empfinden für das Unsagbare nicht beständig pflegen, wird es uns schwer fallen, offen zu bleiben für die Bedeutung des Heiligen. Bevor wir das Wort GOTT aussprechen, müssen wir ... unseren Geist aus dem Gefängnis der Plattitüden und Etiketten befreien, müssen wir ein ehrliches Gefühl haben allein schon für das Geheimnis, lebendig sein zu dürfen und der Welt gegenüberzustehen. Die Vorstufen des Glaubens schließen eine bestimmte Weltsicht ein, bestimmte letztlich entscheidende Fragen, geistige Traditionen und hart erkämpfte persönliche Erkenntnisse und Augenblicke der Teilhabe am religiösen Leben der Gemeinschaft. In der westlichen Welt gehen fast alle diese Voraussetzungen auf ein Buch zurück, auf die Bibel."

* * *

DER TIERE EHRE:
ZUM VERHÄLTNIS VON TIER UND MENSCH - THEOLOGISCH-ETHISCHE GRUNDLEGUNG

„Wir sind Bettler, das ist wahr!" Diese Worte hat Martin Luther einen Tag vor seinem Tod noch auf einen Zettel schreiben können. Wie wahr es ist, dass wir »Bettler« sind, wird am Motto Ihrer abwechslungsreichen Veranstaltungsreihe UNSER TÄGLICH BROT... erkennbar, auf die auch dieser Kirchenkreistag bezogen ist.

Wegen ihrer elementaren und fundamentalen Bedeutung stehen diese Worte genau in der Mitte des »Vaterunser«. Wenn wir sie beten, drücken wir unsere Bedürftigkeit und unser Begehren aus. Die Frage nach dem BROT ist die politische Frage überhaupt, vor allem wenn es fehlt, wenn um das nötige BROT FÜR DIE WELT gekämpft werden muss. Darum folgt im »Vaterunser« der Bitte um BROT die Bitte um VERGEBUNG.

Ohne BROT kein Leben! Doch am BROT allein sterben wir - es muss das WORT GOTTES hinzukommen, wie Jesus uns in Matthäus 4 Vers 4 einschärft. Denn meine Lebensmitte finde ich statt in den Lebensmitteln in GOTTES WORT. Dieses gibt mir auch zu verstehen, dass ich von dem lebe, was mir gegeben ist, dass ich mich beschenkt wis-

[1] Aus: Die Bibel, erschlossen und kommentiert von Hubert Halbfas, Düsseldorf 2003, S. 17

sen darf in meiner Bedürftigkeit und meinem Begehren: nach nährendem BROT, nach freundlichen Blicken, nach liebevoller Berührung.

Ein elementares und fundamentales Begehren gehört zu allen atmenden Lebewesen. Auch Tiere begehren und werden begehrt. Alles Leben lebt inmitten und von Leben, das leben will. In diesem Sinn stelle ich diese beiden Sätze voran:[1]

- Wer vom Tier spricht, spricht vom Menschen.
- Wer vom Menschen spricht, spricht vom Tier.

Diesen Doppelsatz erläutere ich in vier Abschnitten: erste Zugänge zum Mensch-Tier-Verhältnis, grundlegende biblisch-theologische Perspektiven, grundsätzliche ethische Orientierungen, Bemerkungen zum Wort unserer Landessynode zur LANDWIRTSCHAFTLICHEN NUTZTIERHALTUNG aus dem Mai 2011. Sollte noch Zeit bleiben, schließe ich mit einem persönlichen Wort.

I. Erste Zugänge zum Mensch-Tier-Verhältnis

Im Blick auf die derzeitige Tierforschung, Tierphilosophie und Tierethik greife ich jetzt drei Punkte heraus:

1. Die Wissenschaft schätzt die Tierarten auf 5 bis 30 Millionen;[2] ihr sind annähernd 1,8 Millionen Arten sog. höherer Organismen bekannt, jährlich werden etwa 12.000 neu entdeckte beschrieben. Das bedeutet: Mit einem Nichtwissen, das viel größer ist als unser Wissen, leben wir immer schon in einer Welt mit Tieren. Im Grundgefüge des Lebens sind wir, bevor wir die Arena des Gebens und Nehmens betreten, durch Tiere in Anspruch genommen, zumal wenn wir sie in Anspruch nehmen (müssen), sei es allgemein als Teil der natürlichen Lebensgrundlagen, sei es insbesondere als Nahrungsmittel. So finden wir uns auf Schritt und Tritt in einer immer schon gegebenen Verantwortlichkeit vor. Nicht wenige Menschen meinen, dieser Verantwortung nur durch eine vegetarische, vegane oder frutarische Lebensweise entsprechen zu können, die allermeisten Menschen halten dieses für ebenso gut möglich, wenn sie Fleisch verzehren, also karnivor leben. Hinter diesen Lebenswei-

[1] Dieser an verschiedenen Orten gehaltene Vortrag wurde zunächst verfasst für die Fachtagung „Landwirtschaftliche Nutztierhaltung", die der Kirchliche Dienst auf dem Lande zusammen mit dem Referat Kirche und Umwelt im Haus kirchlicher Dienste der Ev.-luth. Landeskirche Hannovers am 2. April 2011 auf dem Lehr- und Forschungsgut Ruthe der Tiermedizinischen Hochschule Hannover veranstaltet hat. Er erschien im Juni 2011 zusammen mit anderen Fachbeiträgen aus landwirtschaftlicher, tiermedizinischer und umweltpolitischer Sicht und der Stellungnahme der Landessynode der Ev.-luth. Landeskirche Hannovers zu Fragen der Tierhaltung in sehr großen Einheiten („Massentierhaltung") vom Mai 2011 als Teil einer gleichnamigen Arbeitshilfe der genannten Fachgebiete. Die hier abgedruckte Fassung habe ich auf dem Kirchenkreistag des Ev.-luth. Kirchenkreises Neustadt-Wunstorf am 20. März 2012 in Bokeloh vorgetragen.

[2] Gelegentlich werden sogar 110 Mill. Tierarten genannt.

sen stehen unterschiedliche Begründungsmuster: Wer strikt physiozentrisch, d. h. von der Natur her denkt, neigt dazu, Tiere als in einer Weise mit eigener Würde und eigenen Rechten ausgestattet zu verstehen, dass sie für den menschlichen Zugriff tabu, also vor Tötung zu schützen sind.[1] Wer strikt anthropozentrisch denkt, betrachtet Tiere meistens ganz aus der Welt- und Wertperspektive des Menschen; dieses geschieht z. B. in der Auffassung, einzig dem durch „Seele“ und „Vernunft“ ausgezeichneten Menschen kämen „Würde“ und damit auch Rechte zu, nach denen er sich Tiere auf ihm dienliche Weise zunutze machen dürfe.[2]

2. Tiere und Menschen haben eine gemeinsame Natur: sie werden geboren, sie brauchen Nahrung, ihr Stoffwechsel gleicht sich, sie pflanzen sich auf geschlechtliche Weise fort, sie bewegen sich im Raum, sie sterben. Die moderne Evolutionsforschung beschreibt die gemeinsame, noch unabgeschlossene Entwicklung allen Lebens als immer größere Verzweigung (Lebensbaum). Dabei bleibt in der Evolution einmal Vorhandenes grundsätzlich erhalten, gerade wenn es sich zur Komplexität ausbildet (Emergenz). Im Blick auf alles Lebendige spricht also viel dafür, sowohl von fließenden Übergängen auszugehen (Gradualismus) als auch die Übergänge zu den geistigen Fähigkeiten evolutionsgeschichtlich möglichst früh anzusetzen. Die Frage ist nicht mehr, ob Tiere einen Geist haben, sondern wie sie ihn haben. Demzufolge hat der Geist des Menschen seine Wurzeln in den geistigen Fähigkeiten von Tieren.[3] Vor allem: Alle Lebewesen mit einem Nervenzentrum - Tiere und Menschen(tiere) - empfinden Schmerz.[4] Was liegt bei alledem näher, als die physio- und die anthropozentrische Sichtweise miteinander zu verbinden?![5] Leben ist verschränkte Vielfalt - mehrdimensional und so tief strukturiert, dass alles Forschen, Erkennen und Bestimmen eine menschliche Zuschreibung ist und damit den Phänomenen letztlich doch äußerlich bleibt.

3. In der Tierethik-Debatte nach 1970 um den moralischen Status von Tieren[6] zeichnen sich im Meinungsstreit immerhin folgende Grundlinien ab: Tiere sind keine „Sachen“, da sie einen Eigenwert in sich selbst haben (intrinsic bzw. inherent value;

---

[1] Dazu habe ich irgendwo ein englisches Wort gelesen: „Those will be loved who love the best - the streptococcus is the test.“

[2] Man könnte dieser Position ein Goethe-Wort zu bedenken geben: „Die Flöhe und die Wanzen / gehören auch zum Ganzen.“

[3] Schon als Tier hat der Mensch Geist (Herder: „Sprache“): Empfindungen, Gedanken, Bilder, Absichten, Sprache [mentale Intentionen, symbolische Repräsentationen]. „Der Körper denkt immer mit.“ (Pierre Bourdieu)

[4] Die Frage ist eigentlich nur, ob und wie sie Schmerz als *ihr* Leid deuten können.

[5] Ähnlich wie Jürgen Habermas vertrete ich eine »ökologisch aufgeklärte Anthropozentrik«.

[6] Können Tiere, zumindest Primaten Träger von Rechten sein? Haben sie Würde und damit Anrecht auf Achtung und Anerkennung?

having value themselfes). Tiere sollten im moralischen Sinn grundsätzlich nicht als minderwertiger betrachtet und behandelt werden als Menschen. Geschieht dieses dennoch, bedarf es schwerwiegender, von einem breiten Konsens getragener rechtfertigender Gründe. Liegen solche Gründe vor, gelten im konkreten Umgang mit Tieren zwei Maßgaben: Tiergerechtheit und Leidvermeidung (Pathozentrismus). Welche tierethischen Begründungen und Statuszuweisungen auch immer gewählt werden,[1] meine ich: In der Menschenwelt können Tiere zwar passive Träger von Rechten sein (moral patients), aber diese Tierrechte können eben nur von Menschen aktiv vertreten werden (moral agents).[2] Umso mehr kommt es vorrangig darauf an, dass Menschen Tiere in ihre Verantwortung, d. h. ihre Sorge-, Sorgfalts- und Schutzpflichten mit hineinnehmen (Tutiorismus). Schon aus der Philosophie und Ethik Immanuel Kants (1724-1804), die jenseits aller Naturromantik ganz der menschlichen Welt-, Würde- und Wertperspektive verpflichtet ist, ergibt sich - im Sinne eines starken Pathozentrismus - das Gebot der »Tiergerechtheit« mit diesen Elementen:

- Freiheit von Hunger und Durst;
- Freiheit von Unbehagen;
- Freiheit von Schmerzen, Schädigung und Krankheit;
- Freiheit zur Ausbildung arteigener Verhaltensweisen;
- Freiheit von Angst und Beunruhigung.

Mein Fazit an dieser Stelle lautet: Bevor wir über die Quantität streiten, haben wir für Qualität zu sorgen. An jeder Stelle und in jeder Weise des Umgangs mit Tieren sind die höchsten Standards anzulegen. Das gilt insbesondere dann, wenn wir Menschen millionenfach Tiere für unsere Zwecke und nach unseren Vorstellungen züchten, sei es in seit Jahrtausenden bewährten und weiterentwickelten oder sich auf Molekulargenetik stützenden modernen Reproduktionsverfahren. Erst damit wäre dem hohen Anspruch des Tierschutzes als „Staatsziel" nach dem Grundgesetz[3] und der Bezeichnung des Tieres als „Mitgeschöpf" im deutschen Tierschutzgesetz[4] entsprochen. So kämen wir dem wegweisenden Ausspruch von Jeremy Bentham (1748-

---

[1] z. B. auch Tiere sind Personen [P. Singer]; Mitleid [A. Schopenhauer, U. Wolf]; Ehrfurcht vor dem Leben [A. Schweitzer]

[2] Mindestens insofern ist die Asymmetrie zwischen Mensch und Tier unvermeidbar.

[3] Seit 2002 durch Art. 20a GG: *Der Staat schützt auch in Verantwortung für die künftigen Generationen die natürlichen Lebensgrundlagen und die* Tiere *im Rahmen der verfassungsmäßigen Ordnung durch die Gesetzgebung und nach Maßgabe von Gesetz und Recht durch die vollziehende Gewalt und die Rechtsprechung.*

[4] § 1 TierSchG v. 25.05.1998: *Zweck dieses Gesetzes ist es, aus der Verantwortung des Menschen für das Tier als* Mitgeschöpf *dessen Leben und Wohlbefinden zu schützen. Niemand darf einem Tier ohne vernünftigen Grund Schmerzen, Leiden oder Schäden zufügen.*

1832) nahe: „Die Frage ist weder: Können Tiere denken? Noch: Können sie sprechen? Sondern: Können sie leiden?”[1]

II. Biblisch-theologische Perspektiven

Die Bibel, weder ein dogmatisches Lehrbuch noch ein ethisches Handbuch, ist ein Lebensbuch, das vor allem von lebensvollen, damit widersprüchlichen Erfahrungen erzählt. Indem sie Gott ins Spiel bringt, erschüttert sie alle unsere Selbstverständlichkeiten. In der Bibel finden wir Aussagen, die viele unserer Sichtweisen und Maßstäbe ver-rücken. Der Glaube verlässt sich in einem hoffenden Dennoch auf den Gott, der uns zwar völlig unverfügbar und unverstehbar bleibt, der uns aber - das erste unbegreifliche Wunder - „geschaffen hat samt allen Kreaturen“ (Martin Luther). Und deshalb vertrauen wir - inmitten aller Evolutionen und Revolutionen, aller Katastrophen und Destruktionen - auf die Lebensdienlichkeit alles Geschaffenen. In alledem stellt uns der biblische »gläubige Realismus« (Paul Tillich) in eine Zerreißprobe zwischen radikalem Realitätssinn und ebenso radikal anderen Lebensperspektiven über unseren Horizont hinaus. Das erläutere ich in nun zehn Punkten:

1. Im kollektiven Menschheitsgedächtnis der Konkurrenzen um Lebensraum und Nahrung sowie ihrer sich seit der Jungsteinzeit (ca. 10.000 v. Chr.) vollziehenden Domestikation und Züchtung erzählt die Bibel in unübertroffener Nüchternheit, darum in widersprüchlicher Weise von Tieren: Sie sind Symbole göttlicher Mächte ebenso wie dämonischer Kräfte, Ausdruck der bewundernswerten Schönheit der Schöpfung (fascinosum) ebenso wie ihres unheimlichen Grauens (tremendum), des selbstverständlichen Gotteslobs ebenso wie gottfeindlicher Herrschaft. Tiere und Menschen sind ebenso Freunde wie Feinde, der Mensch „beherrscht“ Tiere ebenso wie er ihnen preisgegeben ist, Tiere und Menschen sind einander nah wie sie einander fern und fremd sind, sie berühren sich und gehen einander doch nichts an bzw. aus dem Weg. Trotz dieser unaufgelösten Gegensätze ist bemerkenswert, dass Tiere den Menschen immer wieder den Glauben und die Vernunft lehren und zu gerechtem Handeln herausfordern.[2] Über alles Zwiespältige hinweg gelten Tiere und Menschen gemeinsam als Gottes Geschöpfe, die gemeinsam unter Gottes Segen stehen (»Mitgeschöpflichkeit« [Fritz Blanke, 1953]). Dabei sind Menschen mehr auf Tiere angewiesen als Tiere auf Menschen. Nach biblischem Zeugnis hat jede Kreatur ihre

---

[1] “The question is not, Can they reason? Nor, Can they talk? But, Can they suffer?”

[2] Das Tier weiß, was es zu tun hat und Gott will, der Mensch nicht. Dem Tier ist die „Furcht Gottes“ eingestiftet, der Mensch lässt sie vermissen und muss ausdrücklich daran erinnert werden: „Die Furcht Gottes ist der Weisheit Anfang.“ (Hiob 28,28 Psalm 111,10 Sprüche Sal 1,7; 14,27; 19;23) - vgl. z. B. Jesaja 1,3 Jeremia 8,7, bes. Bileams Eselin 4. Mose 22.

eigene Art des Seins mit Gott und ihre eigene Ehre, die Tiere also unabhängig vom Menschen.

Übrigens haben sich von dieser Erkenntnis die beiden Gründer des ersten deutschen Tierschutzvereins leiten lassen: die schwäbischen Pietisten Christian Adam Dann (in einer Schrift 1822) und Albert Knapp (Vereinsgründung in Stuttgart 1837). Der erste Tierschutzverein im Königreich Hannover wurde gegründet im Jahr 1844 auf Initiative des Marktkirchenpastors und Seniors des Geistlichen Stadtministeriums in Hannover, Hermann Wilhelm Bödeker (1799-1875), dem zahlreiche sozialkaritative Vereine und Stiftungen zu verdanken sind. Seine Begründung war aber keine pietistische, sondern eine in der Spätaufklärung weit verbreitete, die wir im Grundsatz auch bei Immanuel Kant finden: Wer Tiere schlecht behandelt, behandelt auch Menschen schlecht, hingegen ist der gute Umgang mit dem Tier ein Übungsfeld für einen guten Umgang mit und unter den Menschen; Tierschutz dient also der Humanität (Theriophilie und Philanthropologie verbinden sich im Humanitäts- und Mitleidsprinzip).

2. Welt und Leben in ihrem Ganzen übersteigen menschliches Verstehen. In wissendem Nichtwissen stellt sich dem Menschen Leben als vielfältiges und vielspältiges Geschehen dar. Durch Welt und Leben geht ein tiefer Riss, eine Wunde, die nur Gott heilen kann. Außerhalb Edens, auf Erden gibt es kein Heil, nur Spuren des Heilsamen. Eine solche Spur legt Paulus in Römer 8,19-22: Die ganze Schöpfung, alles Geschaffene, Lebendige, also Vergängliche, stöhnt wie in Geburtswehen. In ihrer Leidensgemeinschaft befinden sich Menschen und Tiere in einer Hoffnungsgemeinschaft für die gesamte Schöpfung! Also ist es unbiblisch, von irgendeinem Lebewesen als von „seelenloser“ Natur bzw. Kreatur zu sprechen.[1] Gerade in ihrer Schmerzempfindlichkeit, die bei Menschen und Tieren auf eine Innenseite schließen lässt, drückt sich ihr gemeinsames Lebendigsein (näfäsch hajja) aus. Die seufzende Kreatur sehnt sich nach der „Freiheit der Kinder Gottes“. Das verlangt vom Menschen, sich um aller Kreaturen willen ungeteilt vom Geist Gottes erneuern und bestimmen zu lassen: vom Geist des gekreuzigten Jesus Christus, der leidet für und mit aller Kreatur und in dem alle Kreatur in eine „neue Schöpfung“ (kaine ktisis) verwandelt wird.[2] Schon

---

[1] Schon Prediger 3,18-21 wird bezweifelt, der Atem (ruach, weibl.) der Menschen steige „nach oben“, während der Atem der Tiere ins Erdreich hinabsinke!

[2] Dieser paulinische Pathozentrismus bedeutet: Die ganze Schöpfung, also Anorganisches wie Organisches, Pflanzen, Tiere, Menschen, wartet auf die Menschlichkeit des Menschen, die er aber nur in Jesus Christus erblicken kann. In Jesus Christus sieht die (frühe) Christenheit den »neuen Menschen (adam)«, in dem die Fremdheit und Feindschaft zwischen Menschen und Tieren überwunden ist (Markus 1,13b). Der Jude Jesus von Nazareth selbst lehnte eine karnivore Lebensweise keineswegs ab. Der Blick geht aber auf das „Lamm Gottes“ als Opfer und zugleich Überwinder von

die Propheten erhoffen, wofür dann Jesus ans Kreuz gegangen ist: ein Ende aller Gewalt und aller Opfer![1]

3. Jedoch: Solche Erfüllung steht noch aus. Der Mythos von der »Sintflut« erzählt die Folgen der überall anzutreffenden Gewalt. Zugleich verkündigt er Hoffnung und Vertrauen: Gott will Welt und Leben trotz aller Zwietracht erhalten! Der »Noah-Bund« 1. Mose 8,20 - 9,17 ist das einseitige Versprechen: Keine Verderbtheit soll das Lebensganze gefährden. Im Sinn dieses grundsätzlichen Erhaltungswillens Gottes sind auch Tiere in die Hand des Menschen und ihm zur Nahrung gegeben (dominium animalium). Aber: Gott schließt den »Bund« mit Menschen und Tieren! Als Bundespartner sind auch die Tiere „gesegnet“: sie sollen gleich den Menschen Nachkommen haben, stehen also unter dem „Mehrungssegen“. So bilden alle Kreaturen eine Schicksalsgemeinschaft, in der alles Leben ein unvergleichlich wertvolles Gut ist. Deshalb soll der Mensch beim Schlachten das Blut der Tiere an die Erde und damit an den Schöpfer zurückgeben. Solcher Eigentumsvorbehalt zielt gerade im Verbrauchen auf ein sorgsames Gebrauchen. Wie alles Leben sind Tiere eine Leihgabe, kein Eigentum. Jeder Tötungsakt soll, wenn er schon unvermeidlich ist, in Ehrfurcht vor Gott und Erschrecken vor dem Leid der Tiere geschehen.

4. Handelt es sich um eine Erlaubnis zum Tierverzehr oder eine Hinnahme bzw. Duldung? Darüber lässt sich streiten. Jedenfalls bleibt ein „Stachel im Fleisch“ die Rede von der Herzenshärtigkeit und Bosheit des Menschen als Grund für Hinnahme bzw. Erlaubnis von Tiertötung und -verzehr. Immerhin haben im hebräischen Recht auch Tiere Rechtsansprüche, als wären sie Rechtssubjekte: z. B. auf Nahrung (5. Mose 25,4), Schonung und Wiedergutmachung an ihnen selbst (2. Mose 23,19b; 5. Mose 22,1-8).[2]

5. In der Zeit des babylonischen Exils wurde das Schöpfungslied 1. Mose 1,1 - 2,4a allen anderen Texten vorgeschaltet. Demnach soll aller Weltumgang mit Dank und in Demut geschehen. Die „Krone der Schöpfung“ ist die Ruhe Gottes, nicht der Mensch! Erst „am siebten Tag“ sind Welt und Leben vollständig. Erst in der Vollen-

---

Gewalt (vgl. Johannes-Offenbarung) und auf den „Guten Hirten“, der sein Leben lässt für die Schafe (vgl. Joh 10).

[1] Gerade in ihrer unverschleierten Klarsicht auf die Gefährdung des Lebens sind viele biblische Texte bestimmt von der Perspektive endzeitlicher Erfüllung, in der es keine Gewalt mehr gibt. Vor diesem Horizont zielt die Vision vom Tierfrieden in Jesaja 11,1-9 nicht darauf, den Tieren ihre Tierheit abzudressieren, sondern auf die grundlegende Einsicht: Frieden beginnt erst im Ende der Feindschaft statt mit dem Ende des Feindes!

[2] Selbst wenn sie geopfert werden, sind strikte Regeln einzuhalten, die auch einem gewissen Schutz der Tiere gelten (3. Mose 22). Gerade das Opfer soll deutlich machen, dass keine der Lebensgaben dem Menschen gehört. Dabei soll das Tieropfer in Furcht und Zittern vollzogen werden: jeder Tötungsakt müsse Erschaudern und Erschrecken hervorrufen.

dung durch Gott ist das Chaos endgültig gebannt, der Riss in Welt und Leben überwunden. Aus diesem Blickwinkel werden die Voraussetzungen und Zusammenhänge des Lebens dargestellt, am „5. Tag“ werden die Wasser- und Lufttiere geschaffen. Diese „lebendigen Seelen“ (1. Mose 1,20: näfäsch hajja) sind in ihrer Mehrheit dem menschlichen Zugriff entzogen, vor allem die großen Seetiere: die in ihnen wohnenden chaotischen Kräfte kann nur Gott in Schach halten; der Mensch kann und soll mit ihnen nichts anfangen. Erst am „6. Tag“ werden die Landtiere und die Menschen geschaffen: Sie bilden einen noch engeren Zusammenhang als alles Vorherige, sind miteinander verwandt und aufeinander bezogen.

6. Die Bestimmung, zugleich die Berufung des Tieres ist sein Geschaffensein. Seltsam: Nicht schon die Tier-, erst die Menschenerschaffung bedarf einer ausdrücklichen Bestimmung und Berufung (1. Mose 1,26-31): Mann und Frau sind geschaffen „als Bild Gottes“ (säläm / imago; d^{e}mut / similitudo). Diese „Gottebenbildlichkeit“ ist keine Eigenschaft oder biologische Ausstattung, die den Menschen gegenüber dem Tier auszeichnete - sie gründet allein in der unergründlichen Zuwendung Gottes, drückt also eine Beziehung aus. Sie verleiht dem Menschen zwar eine „Anders“-, aber keine „Sonderstellung“ im Sinne etwa grundsätzlich übergeordneter moralischer Rechte oder höherer Würde.[1] Der Mensch - als primus inter pares vom Tier unterschieden, aber nicht geschieden - hat eine Beauftragung und damit Verpflichtung: Verbunden mit dem Mehrungsauftrag Lebensraum für Seinesgleichen durch Ackerbau und Viehzucht herzurichten sowie „wilde“ Tiere von den eigenen fernzuhalten und Konflikte zwischen Tieren zu regeln. Der „Herrschaftsauftrag“ (dominium terrae) ist in Worten ausgedrückt, die zwar unbezweifelbar Machtgebrauch ein-, ein unumschränktes Verfügen jedoch ausschließen.[2] Er ist am besten als In-Obhut-Nehmen im Dienste eines Rechts- und Friedensregiments mit Ordnungsfunktion zu verstehen. Folglich sind Art und Maß der in diesem Rahmen auszuübenden Gewalt an dem zum Schutz Nötigen auszurichten.

7. Deshalb wird der „Herrschaftsauftrag“ sogleich durch eine Ernährungsregulierung, von der er nicht getrennt werden darf, genauer bestimmt: Den Menschen und („wilden“) Tieren sowie den Vögeln wird ebenso ausdrücklich wie ausschließlich pflanzliche Nahrung zugewiesen, nämlich den Tieren Gräser und Kräuter, den Menschen Früchte und Samen. Die Intention und Vision ist also, durch vegetabile Ernäh-

[1] Erst und ausschließlich im Blick auf die Existenz des Menschen werden Ethik und Recht nötig: Welch eine große Verheißung - welch ein großes Verhängnis! - Was die (Ausformungen der) „Sonderstellung“ betrifft, musste ich mein exegetisches Vorverständnis durch erneutes Textstudium erheblich ändern.

[2] „kibbesch: den Fuß setzen auf, untertan, urbar machen; radah: treiben, weiden, hüten, regieren“

rung Gewalt zu verhindern, mindestens zu mindern. Wie komme ich Fleisch essender Mensch damit zurecht, dass mir im Schöpfungsbericht am Anfang der Bibel vegetarische Kost zugewiesen ist?

8. In 1. Mose 2,20 („Garten Eden“) gibt die eine „lebendige Seele“ - sehr treffend übersetzt die Bibel in gerechter Sprache: „atmendes Leben“ -, der Mensch, der anderen, dem Tier, Namen. Diese Benennung ist keine Beherrschung, sondern eine Einordnung des so nahen und doch fremden Tieres in die Menschenwelt. Dazu gehört ein Verstehenwollen des Tieres und ein Vertrautwerden mit dem, was für die verschiedenen Tiere charakteristisch ist. Entsprechend stehen die Tiernamen für Farben, Stärke oder andere Eigenschaften. Mehr als 40 Tiernamen werden auch als Menschennamen verwendet.[1] Das deutet auf eine besondere Wechselbeziehung zwischen Menschen und Tieren hin.

9. Gerade in den Zusammenhängen, in denen in biblischen Texten dem Menschen Macht anvertraut ist, werden die damit verbundene Gewalt und das Nutzungsmaß reguliert. So z. B. in den »Sabbatgeboten«:[2] In das Ruhen und die Wiederherstellung gerechter Verhältnisse im 7. bzw. nach 7 mal 7 Jahren, nach deren Ablauf sämtliche Schulden erlassen werden sollen, ist alle Kreatur einbezogen, Menschen, Tiere, Pflanzen, Ackerboden, Besitz. Zu dieser großen Freilassung im Dienste der Gerechtigkeit gehört die Nutzungsbegrenzung bis hin zum Nutzungsverzicht, was auch Einkommensverzicht bedeutet! Das geht hinaus über Sprüche 12,10: *Der Gerechte erbarmt sich seines Viehs, aber das Herz des Frevlers ist unbarmherzig.*

10. Keineswegs zuletzt ist diese Einsicht wichtig: In Welt und Leben walten Kräfte, mit denen nur Gott allein umzugehen vermag. Dazu wird in Hiob 38ff auf Tiere hingewiesen, die sich - wie damals Leviathan (Krokodil) und Behemoth (Nilpferd) - dem menschlichen Begreifen und Zugriff ganz und gar entziehen. So gilt ein beachtlicher Teil der unverzichtbaren Lebensgrundlagen als menschlicher Macht unverfügbar.[3] Nach biblischem Zeugnis will in genau diesem Sinn, dass auch die Unverfügbarkeit und die Eigenheit, die Fremdheit und die Fernheit des Tieres geachtet werde, Gott in seinen Kreaturen geliebt werden - eben auch in denen, die dem Menschen widersetzlich und widerlich sind.

---

[1] Wir geben unseren Kühen Menschennamen, z. B. „Berta“, in der Bibel erhalten Menschen Tiernamen, z. B. „Rebekka“/ „fette Kuh“ - siehe Silvia Schröer, Anm. 6, S. 15.

[2] 2. Mose 20,8-11; 23,10-12; 3. Mose 25,1-7; 5. Mose 5,12-15

[3] In ähnlicher Weise wird in Psalm 104 das vom Menschen unabhängige Angewiesenheitsverhältnis zwischen den verschiedensten Tierarten und ihrem Schöpfer beschrieben. Das Naturgleichgewicht wird nur gestört durch die «Sünde» des Menschen (V. 35).

Soweit die Bibel, die uns allemal ganz eigen(tümlich)e Sichtweisen zumutet - und in jedem Fall zur persönlichen Stellungnahme herausfordert. Meine Stellungnahme habe ich als „Ethische Orientierungen" in nun fünf Punkten formuliert:

III. Ethische Orientierungen

So wenig sich aus dem biblischen Zeugnis unmittelbare Handlungsanweisungen ableiten lassen, so sehr gibt es doch Richtungs- und Handlungsimpulse:

1. „Schöpfung" ist Anrede an den Menschen, alles, was ist, aus der daseinsbegründenden Beziehung Gottes zu Welt und Leben wahrzunehmen und in Dank und Demut Gott in den Kreaturen zu lieben.[1] Die sich daraus bildende Tierethik ist Teil der Naturethik insgesamt. Als Gottes Geschöpfe sind Tiere und Menschen „lebendige Seelen" und damit MITGESCHÖPFE, denen eine je eigene Würde und ein je eigenes Anrecht auf Achtung und Anerkennung zukommt. Dabei ist das Nicht-Schadens-Prinzip auf das Wohltuns-Prinzip hin zu erweitern.[2] Die Natur- und Tierrechte können aber realistischerweise nur als Menschenpflichten wahrgenommen werden.

2. Im biblischen „Herrschaftsauftrag" ist der Mensch zu einer verantwortlichen Weltgestaltung berufen, beauftragt und befähigt. Diese bedeutet aber weder im Blick auf Pflanzen noch Tiere noch überhaupt auf die natürlichen Lebensgrundlagen ein uneingeschränktes Verfügungsrecht. Darum ist heute in Anbetracht der gewachsenen menschlichen Verfügungsmacht und der inzwischen erreichten Eingriffstiefe in die Naturzusammenhänge eine Ethik der Selbstbegrenzung (Wolfgang Huber) und Nachhaltigkeit vonnöten, die eine Nutzungsbegrenzung - nicht zuletzt im Blick auf Tiere - einschließt.

3. Der haushälterische, d. h. „ökologische" Umgang mit dem Leben unter dem Segen Gottes soll der grundsätzlichen Weitergabe des Lebens in der Generationenfolge dienen. Darum widerspricht Handeln, das nicht nachhaltig ist, dem Schutz-, Gerechtigkeits- und Gemeinwohlgebot in Bezug auf alles Lebendige (Pflanzen, Tiere, Menschen) jetzt und zukünftig. Es verletzt die Würde von allem, was lebt. Daraus ergeben sich mindestens vier weitere Maximen der Langzeitverantwortung:

- Keine Beeinträchtigung der Biodiversität durch menschliche Verursachung.
- Beachtung der Rechte der Benachteiligten (Option für die Armen).
- Gleiche Bewertung der Rechte der lebenden und der zukünftigen Generationen.

---

[1] Luther: „tu ama deum in creaturis". - Dadurch lassen sich Welt und Leben gerade in ihrer widersprüchlichen Gesamtheit als mehrdimensionale Einheit verstehen und falsche Alternativen einer Wahrnehmung und Deutung bloß vom Menschen oder bloß von der Natur her überwinden.

[2] Nach Maßgabe der «Goldenen Regel» in jesuanischer Fassung (Mt 7,12)[2] sollte das Nicht-Schadens-Prinzip (nil nocere; non malificience) auf das Wohltunsprinzip (bonum agere; beneficience) erweitert werden.

• Umweltverträglichkeit aller Maßnahmen.

4. Den biblischen Kernaussagen zufolge schließt der materielle Gehalt von Würde - das Anrecht auf Achtung und Anerkennung - sowohl bei Menschen als auch bei Tieren den Schutz des Lebens vor Tötung mit ein. Doch sollen nach biblischem Zeugnis Welt und Leben trotz der allem Lebendigen innewohnenden Gewalt erhalten bleiben. Infolgedessen kann die Mensch und Tier verbindende Würde nur in abgestuften Formen des aus ihr sich ergebenden Anrechts auf Achtung und Anerkennung umgesetzt werden. In der unvollkommenen Welt dürfen Menschen Tiere töten und verzehren. Menschen müssen keine Tiere essen, aber aus den biblischen Texten ist eine hohe Achtung für eine lange Kultur des Fleischverzehrs, der Tierhaltung und Tiernutzung abzulesen. Diese Kultur sorgt auf der Grundlage der Landwirtschaft für wirtschaftliches Auskommen und Nahrung großer Gesellschaften.[1]

5. Die Spannung zwischen unbedingtem Anspruch und unvollkommener Verwirklichung ist unaufhebbar. Aber die Hoffnung auf einen „neuen Himmel und eine neue Erde, in denen Gerechtigkeit wohnt“ (2. Petr 3,13) verleiht Mut und Maß für das Handeln in der noch zweideutigen und zerrissenen Welt. Ein solches Maß bietet ein starker Pathozentrismus, aus dem sich diese Grund- und Mindestgebote für den Umgang des Menschen mit Tieren im Sinne eines ethischen Gradualismus und Tutiorismus ergeben: Tiergerechtheit, Nutzungsbegrenzung sowie vor allem Gewaltminderung und Schmerzverhinderung. Dementsprechend sind ethisch reflektierte tierhalterische Qualitätsmaßstäbe zu formulieren, an denen sich jede Form von Tierhaltung und -nutzung ungeteilt, ungeschmälert und uneingeschränkt ausrichtet und nach denen sie beurteilt wird. Damit diese ethischen Kriterien weder gewollt noch ungewollt gegenüber den wirtschaftlichen Notwendigkeiten ins Hintertreffen geraten und Landwirte von ihrem und in ihrem Beruf leben können, bedarf es nicht zuletzt eines verbraucherethischen Verantwortungsprofils, zu dem auch die Bereitschaft wird gehören müssen, angemessene, d. h. höhere Preise zu zahlen.[2]

IV. Zur Stellungnahme der Landessynode

Die Stellungnahme der Landessynode vom Mai 2011 ist sowohl im Internet abrufbar (www.evlka.de) als auch in dem Themenheft „Landwirtschaftliche Nutztierhal-

---

[1] Eine fleischlose (nicht-karnivore) Lebensweise kann weder verbindlich gemacht werden noch die fleischverzehrende (karnivore) ersetzen; Letzteres schon deshalb nicht, weil ohne Tiernutzung unter bestimmten Umweltbedingungen kein Überleben möglich wäre.

[2] Vorstehende 10 Folgerungen konvergieren mit der am Fachtag von Prof. Rolf Hartung, TiHo-Hannover, vorgetragenen Richtungsangabe für neue Umgangsweisen in der Tierhaltung und -nutzung: „Von der Intensivierung der Tiernutzung zur Lebensqualität der Tiere.“

tung“ (Erntedank 2011) des Kirchlichen Dienstes auf dem Lande nachzulesen. Darum kann ich mich jetzt auf vier Punkte beschränken:

1. Die Landessynode hat sich, weil sie die aktuelle Anfrage der Ev.-luth. Kirchengemeinde St. Michael in Wietze/Steinförde beantworten musste, auf das Themenfeld „Landwirtschaftliche Nutztierhaltung“ beschränkt. Allen Beteiligten war bewusst, dass auf anderen Gebieten der Tierhaltung, z. B. der in Privathaushalten, sehr viel im Argen liegt. Aber schon die Beschränkung erwies sich als hochkomplex.

2. Die Landessynode versteht ihre Stellungnahme im Sinne einer „begleitenden ethischen Verantwortung“, die die Urteilsfähigkeit und Selbstständigkeit aller Akteure ernst nimmt und als Argumentationshilfe zur eigenverantwortlichen Meinungsbildung beitragen will. Darum haben wir sofort nach dem Synodenbeschluss das Landvolk, die Landfrauen, die Landwirtschaftskammer, die AG bäuerliche Landwirtschaft, den Tierschutzbund und den Verband Bioland um ein kritisches Votum gebeten und diese in dem erwähnten Themenheft abgedruckt.

3. An diesem Vorgehen ist abzulesen, wie sehr es der Landessynode um Dialog und Kommunikation auf Augenhöhe geht: im ganzen Land und vor Ort, dort vor allem, in Ihren Ortschaften und Dörfern. Dazu gehört Abstand zu nehmen von medial verstärkten Schlagworten, die wie Schlachtemesser wirken können. Im Synodenwort kommt der Ausdruck „Massentierhaltung“ nur einmal als vorgegebenes Zitat vor. Erst am Schluss wird bezweifelt, „Großeinheiten und Großschlachtungen“ könnten den „Maßstäben und Standards“ entsprechen. Diese Aussage ist aber bewusst mit keiner Zahl verbunden, weil es in jedem Fall einer Einzelprüfung nach vielerlei Kriterien bedarf. Damit besagt diese Aussage zunächst einmal, dass es Grenzen geben kann. Die Kernaussage des Synodenworts ist: Es geht bei jeder Betriebsgröße und -art, bei Züchtung, Haltung, Transport, Schlachtung, Verarbeitung und Vermarktung um höchste Qualität und höchste Standards! Ebenfalls geht es um eine Landwirtschaft, die nicht romantisch verklärt wird, die man aber bei allem Technikeinsatz und aller Wirtschaftlichkeit, d. h. Ertragsorientierung, als Landwirtschaft erkennt und der man die Nähe zum Tier abspürt! Um Tierkenntnis und -nähe hat sich aber auch der Verbraucher zu bemühen. Darum betont die Landessynode die Bildungsaufgabe, die hinter allem steht. Zugleich hebt sie die ordnungspolitische Verantwortung hervor, die verhindern soll, dass die Lasten auf einzelne Gruppen abgeschoben wird, z. B. die Landwirte, die sich zudem in ganz unterschiedlichen Situationen befinden, oder die Verbraucher. Darum hat die Landessynode in einem hochkomplexen Abwägungskomplex (land-)wirtschafts-, tier-, umwelt- und verbraucher-ethische Gesichtspunkte miteinander in Beziehung gesetzt.

Zu alledem kann ich rückblickend nur sagen: Einfacher ging es aufgrund der Themenstellung nicht - und nach meiner Überzeugung gibt es weder in dieser noch in einer anderen Aufgabenstellung und Herausforderung unserer hochindustrialisierten und hochmonetarisierten Welt einen Königsweg und ein letztes Wort, sondern nur eine immer wieder neu zu justierende Annäherung an das Sachgemäße und Verantwortbare. Dietrich Bonhoeffer hat unsere Aufgabe als Christinnen und Christen in gültiger Weise charakterisiert als »Beten und Tun des Gerechten«.

....

Nun bin ich am Schluss meines letzten Vortrags als landeskirchlicher Umweltbeauftragter. Denn ich bin ja schon seit 2 Jahren im Ruhestand, habe bis heute sogar 5 Lebensjahre (minus 2 Tage) mehr geschenkt bekommen als Luther und werde zum 1. April einen Nachfolger haben. Gestatten Sie mir, nachdem ich mich mehr als 40 Jahre lang u. a. mit Fragen der Wirtschafts-, Technik-, Umwelt-, Medizin- und Gesundheitsethik befassen durfte, deshalb einige persönliche Bemerkungen:

Im Laufe der Zivilisation haben wir Menschen in nahezu allen Lebensgebieten - vom Bergbau bis zur Raumfahrt, vom Schiffbau bis zur Kernkraft, vom Welthandel bis zur Telekommunikation, von der Intensivmedizin bis zur Meeresforschung, von der Saatguterzeugung bis zur Nutztierhaltung - unsere wissenschaftliche, wirtschaftliche und technische Verfügungsmacht angewandt und ausgebaut. Durch die Eingriffstiefe in die Lebenszusammenhänge berühren wir mittelbar selbst das, was wir unmittelbar noch unberührt lassen. Müssten wir nun nicht umso mehr unsere Macht nutzen, um einen Sinn zu bewahren für das, was außerhalb unserer Macht steht? Macht üben wir auch darin aus, dass wir alles, was wir zu erkennen und zu können meinen, unserer Wahrnehmungs- und Verfügungsweise ein- und unterordnen. Doch erfasst - jenseits zahlloser Vermutungen und Zuschreibungen - unser Wissen auch nur annähernd schon das, was der Fall ist?

Mein wissendes Nichtwissen gerade im Blick auf Tiere, mein Nichtverstehen und mein instrumenteller Umgang mit ihnen, ist der Riss, der durch mich selber geht. Dieser Riss drängt mir die Einsicht auf, dass jedes Handeln, auch wenn es sich auf beste Gründe und beste Absichten berufen kann, eine Daseinsgefährdung enthalten kann, die durch Daseinsförderung eigentlich beseitigt werden sollte. Demnach gibt es auch keine ökologische Unschuld. So empfinde ich am Schluss dieses Vortrags viele offene Fragen und eine offene Wunde - gerade in meinem Verhältnis zu und meinem Umgang mit Tieren, die wie ich „lebendige Seelen" bzw. „atmendes", weil beatmetes Leben sind: „animals", von „animus": Seele.

Gleichwohl darf ich - gerade in diesen Passionswochen - darum bitten und darauf hoffen, dass auch mir zuteil werde, was der Prophet Jesaja vom Gottesknecht sagt (Jesaja 53,5), den wir auf Jesus Christus hin deuten: *Durch seine Wunden sind wir geheilt.*

In diesem Sinn kann dann umso mehr gelten, auch im Blick auf die Tiere, das Wissen von Welt und Leben und das Tun des Gerechten: ICH BIN EIN BETTLER, DAS IST WAHR. Gestärkt von Hebräer 11 Vers 1, dass „der Glaube eine feste Zuversicht ist auf das, was man hofft, und ein Nichtzweifeln an dem, was man nicht sieht", bitte ich darum, an dieser Erwartung festhalten zu können: Eines - hoffentlich bald kommenden - Tages werden wir unsere Macht nicht größer sein lassen als unsere Verantwortung und unsere Liebe.

Dazu gehört Ehrfurcht, in der die Ehre wahrgenommen und anerkannt wird, die einem Geschöpf zukommt. Darum richte ich meinen Blick noch einmal auf die Tiere, indem ich aus der »Kirchlichen Dogmatik« des Schweizer Theologen Karl Barth zitiere (KD III / 2, S. 165):

> *Der Tiere Ehre ist die Verborgenheit ihres Seins mit Gott nicht weniger als unsere Ehre das Offenbarsein ist. Denn was wissen wir schließlich, welches die größere Ehre ist? Was wissen wir, ob es sich wirklich so verhält, dass der äußere Kreis der anderen Geschöpfe nur um des inneren, nur um des Menschen willen da ist? Was wissen wir, ob es sich nicht gerade umgekehrt verhält? Was wissen wir, ob nicht beide Kreise, der äußere und der innere, je ihre eigene Selbstständigkeit und Würde, je ihre besondere Art des Seins mit Gott haben? Was besagt ihre Verschiedenheit gegenüber der Tatsache, dass der Mensch Jesus als geschöpfliches Wesen beider Kreise Mittelpunkt ist?*

* * *

PROTESTANTISCHE MYSTIK UND POLITIK: DAG HAMMARSKJÖLD (1905-1961)

Heute ist Wahltag. Am nächsten ist uns allen die Kirchenvorstandswahl. Nahe geht uns aber auch die Wahl eines neuen Bundespräsidenten. Zu rechnen ist mit einer großen Mehrheit für Joachim Gauck, den ehemaligen protestantischen Pfarrer. Unvermutet haben wir gleich zwei Anlässe, wieder einmal nach dem PROTESTANTISCHEN PROFIL zu fragen - zumal mit der Zuspitzung PROTESTANTISCHE MYSTIK UND POLITIK. [1]

---

[1] Dieser Vortrag wurde am 18. März 2012 in der Reihe „Protestantische Profile" in der Ev.-luth. Neustädter Hof- und Stadtkirche St. Johannis Hannover gehalten. Zur Vorbereitung habe ich Literatur verwendet u. a. von: Hermann J. Benning: Dag Hammarskjöld - Leben und Profil, München 2011; Manuel Fröhlich: Dag Hammarskjöld und die Vereinten Nationen. Die politische Ethik des UNO-Generalsekretärs, Paderborn 2002; Dag Hammarskjöld: Zeichen am Weg, München/Zürich 1965 [Vägmarken, 1963 Schweden]; Johann Hoffmann-Herreros: Dag Hammarskjöld. Politiker-Schriftsteller-Christ, Mainz 1991; Lou Marin: Können wir den ehrlichen Dialog in den Zeiten des Misstrauens retten? Die Begegnung zwischen Dag Hammarskjöld und Martin Buber, Neu-

Kein «Heiliger», kein Vorbild, aber ein Gesprächspartner für den eigenen Weg zum Glauben und im Leben war und ist für mich Dag Hammarskjöld. ZEICHEN AM WEG - seine teils datierten, teils undatierten Notizen, Aphorismen und Meditationen wurden als VÄGMARKEN 1963 in Schweden aus seinem Nachlass heraus veröffentlicht. Nur wenige Freunde wussten von diesem - wie er selbst notiert hatte - *Weißbuch meiner Verhandlungen mit mir selbst - und mit Gott.* (S. 21) Die erste deutsche Ausgabe von Anfang 1965 habe ich mir sogleich zum 20. Geburtstag selbst geschenkt. Beeindruckt hatte mich der 2. UN-Generalsekretär schon, als ich Schüler und Lehrling war. Über seinen Tod bei einem bis heute unaufgeklärten Flugzeugabsturz im Kongo-Gebiet in der Nacht vom 17. auf den 18. September 1961 war ich ebenso erschüttert wie später über die Ermordung der Kennedys und Martin Luther Kings.

Dag Hammarskjöld war für mich ein wichtiges Wegzeichen: Auch nach den Verheerungen des 2. Weltkriegs, inmitten des Ost-West-Konflikts mit seinem wahnwitzigen Rüstungswettlauf mit atomarem Weltvernichtungspotential, angesichts rasant wachsender wirtschaftlicher, sozialer und politischer Gegensätze zwischen Nord und Süd ist es möglich, Christ zu sein, jedenfalls versuchen zu dürfen, jesuanischen Impulsen und Spuren zu folgen. Ja, „dürfen". Denn ich dachte damals oft, um der Humanität willen sei das Christentum vollends zu verabschieden, es habe sich im Holocaust selbst mit vernichtet.

Aber was folgt dann: Wenn das Christliche verabschiedet ist? Mit der nihilistischen Verneinung die Vernichtung wie im Nazi-Terror? Mit der atheistischen Gottesbestreitung der Verlust eines tragenden Lebensgrundes - und es bleiben für Milliarden von Menschen „nur die Leere und das gezeichnete Ich" (Gottfried Benn)? In Nächten, in denen ich jenes Allesbestreitende und -verneinende in mir selbst empfand, lenkten zwei Notizen in ZEICHEN AM WEG mich auf eine andere Spur: *Du wagst dein Ja - und erlebst einen Sinn. Du wiederholst dein Ja - und alles bekommt Sinn. Wenn alles Sinn hat, wie kannst du anderes leben als ein Ja.* (S. 110) Ein *Ja* zu leben, ein Ja <u>zum</u> Leben ist also möglich - auch in unaufhebbaren Widersprüchen und Spannungen!

Isenburg 2011; Stephan Mögle-Stadel: Dag Hammarskjöld – Vision einer Menschheitsethik, Stuttgart 2007; Ruth u. Karl-Heinz Röhlin: Dag Hammarskjöld - Mystiker und Politiker: Visionen für heute, München 2005; Rolf Schäfer: Glaube und Werk - ein Beispiel aus der Gegenwart. Beobachtungen zu D. Hammarskjölds geistlichem Tagebuch, in ders.: Gotteslehre und kirchliche Praxis, Tübingen 1991, S. 49-94; Dorothee Sölle: Mystik und Widerstand, München 2001[4]; Andreas Specker: Leben als Opfer? Die geistliche Entwicklung Dag Hammarskjölds, Augsburg 1999; Hjalmar Sundén: Die Christusmeditationen Dag Hammarskjölds, Frankfurt/M. 1967. - Alle Hammarskjöld-Zitate werden in kursiver Schrift nur mit Seitenangabe aus der dt. Ausgabe von „Vägmarken" - „Zeichen am Weg" von 1965 wiedergegeben.

Vorher schon hatte mir folgende längere Notiz zu denken gegeben: *Gott stirbt nicht an dem Tag, an dem wir nicht länger an eine persönliche Gottheit glauben, aber wir sterben an dem Tag, an dem das Leben für uns nicht länger von dem stets wiedergeschenkten Glanz des Wunders durchstrahlt wird, von Lichtquellen jenseits aller Vernunft.* (S. 57) Damit wich der Absolutheitsanspruch des Atheismus der Frage: Was gebe ich, ohne mich ihm ausgesetzt zu haben, ungeprüft preis, wenn ich mich dem Gottesglauben vorab verschließe, verweigere?

Dag Hammarskjöld wird am 29. Juli 1905 in Jönköping in Schweden geboren. Seine Mutter Agnes Almquist, gebildet, warmherzig, lebenszugewandt und fromm, vertritt keine ‚moderne', aber eine „radikal demokratische...Auffassung von dem Menschen".[1] Sein Vater Hjalmar, von strengem Pflichtbewusstsein einer alten lutherischen Glaubens- und Welthaltung geprägt, ist im 1. Weltkrieg kurze Zeit parteiloser schwedischer Ministerpräsident, die längste Zeit seines Berufslebens aber Gouverneur der Region Uppsala. Die Familie ist mit der des Erzbischofs Nathan Söderblom, Theologe, Religionswissenschaftler und Wegbereiter der Ökumene, eng befreundet. Söderblom lässt den Studenten Dag bei der ersten ökumenischen Weltkonferenz für Praktisches Christentum in Stockholm 1925 mitarbeiten. Nach dem Abitur erwirbt dieser Abschlüsse als Volkswirt und Jurist mit intensiven Studien in Philosophie und französischer Literatur. Noch bevor er promoviert und habilitiert wird, ist er mit 25 Jahren Sekretär der Arbeitslosenkommission der schwedischen Regierung. Mit 31 Jahren wird er Staatssekretär im Finanzministerium, mit 36 Jahren Präsident der Schwedischen Reichsbank. Nach dem Krieg wirkt er als Delegierter bei internationalen Wirtschafts-, vor allem Währungsverhandlungen, z. B. bei der Organisation für die wirtschaftliche Zusammenarbeit Europas (OEEC), zugleich ist er Stellvertretender Außenminister in der Regierung des Sozialdemokraten Tage Erlander.

Hammarskjöld, kurzzeitig Student bei John Maynard Keynes in Cambridge, bleibt stets ein parteiloser Wirtschafts- und Finanzfachmann, dem jenseits sozialistischer Wohlfahrtspolitik doch das Wohlergehen der Ärmeren und Benachteiligten am Herzen liegt. Weil die Großmächte ihn für politisch interesselos und leicht lenkbar halten, wird er am 7. April 1953 zu seiner eigenen völligen Überraschung zum 2. Generalsekretär der Vereinten Nationen gewählt. Kurz nach Amtsantritt zieht er den Unmut der USA auf sich, weil er der „McCarthy-Kommission gegen unamerikanische Umtriebe" für das UN-Hauptquartier in New York Hausverbot erteilt. Seine knapp bemessene Freizeit verbringt er am liebsten bei langen Naturwanderungen von sei-

[1] So Sven Stolpe, zit. n. Schäfer: Glaube und Werk - ein Beispiel aus der Gegenwart. Beobachtungen zu D. Hammarskjölds geistlichem Tagebuch, in ders.: Gotteslehre und kirchliche Praxis, Tübingen 1991, S. 53

ner Hütte in Südschweden aus, wenn er nicht Ehrenämter wie das des Präsidenten des schwedischen Naturwandererverbandes oder seinen Sitz in der Schwedischen Akademie für Wissenschaften wahrnimmt oder Bücher von St. John Perse und Djuna Barnes ins Schwedische übersetzt. Freunde hat er wenige, zu denen gehören aber immerhin Albert Schweitzer und Martin Buber. In den Trümmern seines abgestürzten Flugzeugs findet man Bubers „Ich und Du" mit der Kernaussage, ein Ich bilde sich erst am Du. Hammarskjöld hat vermutlich beim Flug über den afrikanischen Urwald an der Übersetzung ins Schwedische weitergearbeitet. Im Dezember 1961 wird ihm posthum der Friedensnobelpreis zuerkannt.

Eine steile Karriere, die Dag Hammarskjöld freilich in eine tiefe persönliche Lebenskrise geführt hat. Jetzt kann ich nur versuchen, die erschütternden Äußerungen dazu wenigstens anzudeuten. Erkennbar ist eine zweifache Grenzerfahrung: Einerseits ein schwer lastendes Gottesdunkel ineins mit radikaler Sinnleere und radikalem Selbstzweifel. Andererseits eine Erfahrung an der, wie er selbst schreibt, *Grenze des Unerhörten: Hier endet das Bekannte. Aber vom Jenseits her erfüllt etwas mein Wesen mit seines Ursprungs Möglichkeit...* Nun wird ihm *jede Wahl ein Ja dem Unbekannten.* (S. 72) Wie sein eigenes Leben ist Gott ihm ferngerückt, fremd geworden. Gleichwohl meditiert Dag Hammarskjöld bis zur Jahreswende 1953 die Vaterunser-Bitte *Dein Wille geschehe.* Er verbindet sie mit Jesu Gebet im Garten Gethsemane, Gott möge doch den Passionskelch an ihm vorübergehen lassen, doch möge Gottes Wille geschehen. Darin wird für Hammarskjöld die Erfahrung des Endes seiner eigenen Lebensmöglichkeiten zur genau gegenteiligen Möglichkeit der Lebensbejahung - auch und gerade in Zerreißproben bis an den Rand der Erschöpfung und, worunter (der unverheiratete) Hammarskjöld sehr litt, hinein in tiefe Einsamkeit.

Keine Erfahrung, die mit heute gängigen Erklärungsmustern wie „burn out" oder „Depression" erfasst werden könnte. Eine existentielle Erfahrung, die in der christlichen Tradition als MYSTISCHE bezeichnet wird. Im Erfahren einer Daseinsgrenze zugleich das Gewisswerden eines Daseinsgrundes, keinem Begriff sich fügend, keinem Maß zugänglich. Im Abgrund ein Grund, in der Leere eine Fülle, im Sterben ein Werden, in der Einsamkeit eine Spur von Gemeinschaft, im Fallen ein Gehaltensein, ein Nichtschweigen angesichts des Unsagbaren, ein Reden vom Sinn des Schweigens.

PROTESTANTISCHE MYSTIK, in der ich Kern und Stern des christlichen Glaubens reformatorischer, namentlich lutherischer Prägung wiedererkenne: «Rechtfertigung allein aus Gnaden - des Gottlosen - des Zweiflers», in Christus geschenktes Gerechtsein: sich als unannehmbar annehmen zu können; in keinem Scheitern gescheitert zu sein; der Bettler als Begnadeter; auch Luthers «getroste Verzweiflung».

Zurück zu Dag Hammarskjöld. Der Deutung von Dorothee Sölle stimme ich zu: „Es ist eine Ich-Abrechnung ohne Gewinsel, ohne Vertröstung, ohne heimliche Hoffnung auf Mitleid. Hammarskjöld hat nicht um übernatürliche Eingriffe einer göttlichen Macht gebetet, der Glaube, um den er rang, ...war eine erwachsene, diesseitige Mystik."[1] Diese Mystik konnte so erwachsen sein, weil sie sich an Jesus Christus orientierte - ganz im Sinne der Nachfolge, in der sich der Weg Jesu als Weg für und mit dem, der Jesu Passion erinnert, erschließt und dem sich so der eigene Weg gleichsam „unter die Füße schiebt" (nach Sören Kierkegaard).

In diesem Sinn war Dag Hammarskjöld weder leidenssüchtig noch wollte er im Selbstopfer christusgleich werden, wie man es ihm vorgeworfen hat, nur hat er eben alles Widerstreben dagegen aufgegeben, dass Jesus Christus uns Menschen gleich geworden ist - und so konnte der UN-Generalsekretär schwerste politische Entscheidungen treffen, ohne Rücksicht auf für ihn persönlich möglicherweise allerschwerste Folgen zu nehmen, nehmen zu müssen. *Weine, wenn du kannst, weine, doch klage nicht. Dich wählte der Weg - und du sollst danken...* (S. 109) schreibt er mitten im ausweglosen Kongo-Konflikt 1961.

Dabei möchte ich für unsere Zeit, in der es zu glauben so schwer fällt, festhalten: Dag Hammarskjöld „hat nicht diesen Glauben gesucht, sondern die Wahrheit. Aber als er der Wahrheit ansichtig wurde, bemerkte er, dass sie diesem Glauben glich."[2]

PROTESTANTISCHE MYSTIK ist «Mystik der offenen Augen» (Johann Baptist Metz). Darum ist sie politisch. Dag Hammarskjölds innere Lebens- als Glaubenskehre hat sich als langer und mühsamer Prozess bis spätestens um die Jahreswende von 1952 zu 1953 vollzogen, also *bevor* er überhaupt ahnen konnte, dass er UN-Generalsekretär werden sollte. Jetzt hatte er sein Ja zum Leben, wie es ihm gegeben war und in höchster Anspannung, Anforderung und Verantwortung sein würde, gesprochen. Seine erste Notiz unter der Jahreszahl 1953 beginnt mit einer Liedzeile, die er von seiner Mutter kannte: *» - bald naht die Nacht.« Dem Vergangenen: Dank, dem Kommenden: Ja!*[3] (S. 83, folg. Zit. S. 84f)) Hinfort galt es, dieses Ja zu bewähren. Nach dem 7. April 1953, dem Tag seiner Wahl, die ihn über Nacht vom Wirtschaftsfachmann zum Globalpolitiker machte, finden sich u. a. diese Einträge: *Ich bin das Gefäß. Gottes ist das Getränk. Und Gott der Dürstende. ... Dass der Weg der Berufung auf dem Kreuz endet, weiß, wer sich seinem Schicksal unterstellt hat - auch wenn dieser Weg durch den Jubel von Genezareth führt und durch die Triumphpforte von Jerusalem. ... Demütig und stolz im Glauben: das heißt dies leben, dass ich nicht in Gott bin, aber Gott in mir.*

[1] Dorothee Sölle: Mystik und Widerstand, Hamburg 1997, S. 283

[2] So Rolf Schäfer, a. a. O., S. 89

Welche POLITIK hat Dag Hammarskjöld als «Mystiker mit offenen Augen» unter den Bedingungen der 1950er Jahre und auf der Grundlage der UN-Charta entwickelt? Ganz im Sinne von Luthers Berufsverständnis, auch von Max Webers „Politik als Beruf" versteht er seine Wahl als BERUFUNG. Daraus ergeben sich vier Grundelemente seiner politischen Ethik: Integrität, Neutralität, Kooperation, Universalität.

Sie zeugen davon, wie der 2. UN-Generalsekretär die paradoxe Erfahrung macht, dass er gerade in der Bindung an Gott, die die Christusnachfolge, die Passion einschließt, eine große Freiheit als innere Unabhängigkeit und Weite in der Anerkennung anderer Nationen, Religionen und Kulturen gewinnt. Er hat um innere Unabhängigkeit, um Freiheit und Weite gerungen. Er hat sie bewusst als Geschenk empfangen, wie er es in trinitarischer Tradition bezeugt: *Vor dir, Vater, in Gerechtigkeit und Demut, mit dir, Bruder, in Treue und Mut, in dir, Geist, in Stille.* (S. 109)

Dabei haben ihn sowohl seine Überzeugung als auch die internationalen Verhältnisse dazu gedrängt, zwischen Religion und Politik zu unterscheiden, ohne sie zu scheiden. Durchaus auf der Linie Luthers, der eine geistliche und weltliche «Regierweise Gottes» unterscheidet, beherzigte er, dass einerseits Religion, soll sie 1:1 in Politik umgesetzt werden, zu Ideologie und Despotie verkommt, dass andererseits Politik ohne Achtung vor den Religionen realitätsfern und ohne religiös-ethische Fundierung gewalttätig und friedensunfähig wird.

Integrität: In kurzer Zeit entwickelt Hammarskjöld die UN-Beamtenschaft zu einem internationalen Dienst an der Weltbürgergemeinschaft (»International Civil Service«). Dabei praktiziert er selbst eine politische Integrität, die niemandem seine Position und Moral aufzwingt, sondern zuallererst auf Wahrnehmung der unterschiedlichen Sichtweisen sowie Achtung und Ausgleich der Interessen bedacht ist. Damit kein Politiker irgendeines Staates, nicht nur in Asien, ‚sein Gesicht verliert' (»face saving«), übt er auf unzähligen Reisen, von denen die Weltöffentlichkeit meist erst hinterher erfährt, STILLE DIPLOMATIE.

Neutralität: Hammarskjöld bleibt strikt neutral und gibt keiner Konfliktpartei Recht, entwickelt aber ein Konzept der SELBSTBEWUSSTEN NEUTRALITÄT, die von sich aus alle Konfliktparteien in die Verantwortung für den WELTFRIEDEN ruft. Immer wieder wird er, ob willkommen oder nicht, wenn es sein muss, ohne Mandat des Sicherheitsrates, bei den Mächtigen, Streitenden und Kämpfenden vorstellig, um gleichsam denen ins Gewissen zu reden, die ihre Nachbarstaaten militärisch angreifen oder abhängig machen wollen. Vor allem greift er immer dann ein, wenn die Großmächte - namentlich die Vereinigten Staaten und die Sowjetunion - sich die Erde untereinander aufteilen, sich Länder auf der südlichen Erdhalbkugel gefügig machen oder ihre Konflikte auf deren Rücken austragen wollen. Dabei bringt er nicht selten alle Seiten gegen sich auf, wird in der Presse verhöhnt und verspottet, muss mit Attentaten rechnen.

Kennedy bekundet nach Hammarskjölds tragischem Tod seine Anerkennung - zu spät, aber immerhin. Obwohl auch die UdSSR im Jahr 1957 Hammarskjöld zum UN-Generalsekretär wiedergewählt hat, verlangt der polternde Chruschtschow während der Kongo-Krise vor der UN-Vollversammlung lautstark und drohend dessen Rücktritt. Aber in einer unerschrockenen Entschlossenheit und inneren Gelassenheit, mit der niemand gerechnet hat, weist Dag Hammarskjöld diese Rücktrittsforderung auf der Stelle zurück: gewählt habe ihn die UN-Vollversammlung, einzig der sei er verpflichtet, und wenn er vor irgendeiner Großmacht kapituliere, bedeute das zugleich einen Rückschlag für die Staaten, die gerade im Begriff seien, sich aus den Fesseln des Kolonialismus zu befreien, also für die Mehrheit der Weltbevölkerung! Um waffenstarrende Konfliktparteien wieder auf Abstand zu bringen oder daran zu hindern, aufeinander loszuschlagen, werden unter Hammarskjöld die internationalen UN-Friedenstruppen aufgestellt und eingesetzt, die »Blauhelme«.

Kooperation: Als sich die Großmächte noch darüber streiten, was denn »friedliche Koexistenz« sei, befördert Hammarskjöld sämtliche Möglichkeiten der internationalen Zusammenarbeit. Zumal als Wirtschaftsfachmann weiß er: Freiheit und Frieden gibt es nur, wenn die wachsende Erdbevölkerung sich gleichberechtigt und gleichmäßig wirtschaftlich entwickelt, wenn der Hunger beseitigt und die Armut besiegt ist, wenn alle Zugang zu Wasser, Rohstoffen und Bildung haben. Darum: Von der Koexistenz zur Kooperation! Damit ist schon das vierte Element seiner politischen Ethik angesprochen:

Universalität: Die mystische Erfahrung ist eine Erfahrung des Einen und Einenden inmitten aller Vielfalt. Auf diesem Hintergrund versteht ihr 2. Generalsekretär die UNO als „einende Kraft in einer zerstrittenen Welt“ (»unifying force in a divided world«). Dabei liegt es ihm fern, sie zur Weltregierung auszubauen, weil dieses gegenüber den noch benachteiligten Nationen und den Minderheitskulturen nur zu einem neuen Kolonialismus führen würde. Gleicherweise tritt er ungeteilt für die MENSCHENRECHTE ein, beachtet dabei aber, dass sie aufgrund unterschiedlicher Traditionen und Erfahrungen unterschiedlich ausgelegt werden. Diese Universalität ohne Uniformität nennen wir in kirchlicher Sprache »versöhnte Verschiedenheit«.

Ein kleines Beispiel: Bald nach Amtsantritt lässt dieser Generalsekretär einen Meditationsraum für alle UN-Mitarbeitenden einrichten, nicht um Unterschiede multi- oder interreligiös einzuebnen, sondern um allen die Möglichkeit zu geben, ihre sichtbaren Handlungen auszuüben und ständig zu überprüfen auf der Grundlage einer inneren Haltung, die ihren Traditionen, Religionen und Kulturen entspricht. Diese Orientierung am Gewissen um der Freiheit und der Gerechtigkeit willen ist andererseits wieder sehr protestantisch.

In alledem erweist sich mir Dag Hammarskjöld als pragmatischer Visionär des Weltfriedens und illusionsloser Idealist hinsichtlich einer gerechten globalen Entwicklung. Keineswegs wird er, wäre das überhaupt möglich, alles richtig gemacht haben. Aber er hat genau die Richtung gewiesen, die angesichts so vieler heute noch unerledigter Aufgaben und sich zuspitzender Herausforderungen weiterzubeschreiten sein wird. Bei aller Tatkraft, allem unermüdlichem Einsatz konnte er sich selbst zurücknehmen, wie der „freie Herr über alle Dinge und dienstbare Knecht aller Dinge“, von dem Luther in seiner Schrift „Von der Freiheit eines Christenmenschen“ spricht. Seine Selbstzurücknahme schließt Selbsthingabe ein, sie weder suchend noch sich vor ihr scheuend. Solche Art Selbstverwirklichung mag unmodern sein, ist aber gut jesuanisch und paulinisch zugleich, eben protestantisch - in dem Spitzensatz aus Philipper 1, einem der für den heutigen Tag vorgesehenen Bibeltexte, eindrücklich formuliert: *Christus ist mein Leben - und Sterben ist mein Gewinn.*

Mystik und Politik, Kontemplation und Aktion, der Wille zu gestalten gehören und kommen bei Dag Hammarskjöld zusammen: das Beten und das Tun des Gerechten und das Warten auf Gottes Zeit (nach Dietrich Bonhoeffer); gläubiger Realismus; fromme Weltlichkeit aufgrund gereifter Innerlichkeit durch das Erleben der Spannung, zugleich Sünder und Gerechter zu sein.

Unter dem 19. Juli 1961, ziemlich genau acht Wochen vor seinem tragischen Tod auf der Friedensmission im Kongo, hat er dieses Gebet aufgeschrieben (S. 177):

Erbarme dich
unser.
Erbarme dich
unseres Strebens,
dass wir
vor dir,
in Liebe und Glauben,
Gerechtigkeit
und Demut
dir folgen mögen,
in Selbstzucht
und Treue
und Mut
und in Stille
dir begegnen.
Gib uns
reinen Geist,
damit wir dich sehen,
demütigen Geist,
damit wir dich hören,
liebenden Geist,
damit wir dir dienen,
gläubigen Geist,
damit wir dich leben.
Du, den ich nicht kenne,
dem ich doch zugehöre.
Du, den ich nicht verstehe,
der dennoch mich weihte
meinem Geschick.
Du - - -

Printed by Books on Demand GmbH, Norderstedt / Germany